俄 国 史 译 丛 · 历 史 与 文 化

Серия переводов книг по истории России

Россия

Многомерный статистический анализ
в исторических исследованиях

俄国史译丛 · 历史与文化

СЕРИЯ ПЕРЕВОДОВ КНИГ ПО ИСТОРИИ РОССИИ

历史研究中的
多元统计分析

Многомерный статистический
анализ в исторических
исследованиях

李牧群 苏宁／译

〔俄〕Л. И. 鲍罗德金／著
Л. И. Бородкин

社会科学文献出版社
SOCIAL SCIENCES ACADEMIC PRESS (CHINA)

Многомерный статистический анализ в исторических исследованиях / Л. И. Бородкин - Москва : Изд-во МГУ, 1986.

本书根据莫斯科大学出版社 1986 年版译出

本书获得教育部人文社会科学重点研究基地
吉林大学东北亚研究中心资助出版

俄国史译丛编委会

著者简介

列昂尼德·约瑟福维奇·鲍罗德金（Леонид Иосифович Бородкин），1946年生，历史学博士，俄罗斯科学院通讯院士，莫斯科大学功勋教授，吉林大学名誉教授，莫斯科大学历史系副主任、经济史中心主任、历史信息教研室主任、学术委员会委员，俄罗斯历史与计算协会主席，主编《经济史年鉴》《历史信息学》等。长期深耕俄国经济史、历史信息学、计量史学等领域，发表各类文章460余篇，出版专著8部。

译者简介

李牧群 吉林大学外国语学院教师，吉林大学东北亚学院在读博士，主要研究方向为俄国法制史。在《社会科学战线》等核心期刊上发表论文数篇，主持省社科基金项目一项，参与教育部项目一项。笔译近400万字，主要有国家社科基金特别委托重大项目《铁证如山》（4卷）等。

苏 宁 吉林大学东北亚研究院博士研究生。

总　序

　　我们之所以组织翻译这套"俄国史译丛",一是由于我们长期从事俄国史研究,深感国内俄国史方面的研究严重滞后,远远满足不了国内学界的需要,而且国内学者翻译俄罗斯史学家的相关著述过少,不利于我们了解、吸纳和借鉴俄罗斯学者有代表性的成果。有选择地翻译数十册俄国史方面的著作,既是我们深入学习和理解俄国史的过程,又是鞭策我们不断进取、培养人才和锻炼队伍的过程,同时也是为国内俄国史研究添砖加瓦的过程。

　　二是由于吉林大学俄国史研究团队(以下简称"我们团队")与俄罗斯史学家的交往十分密切,团队成员都有赴俄进修或攻读学位的机会,每年都有多人次赴俄参加学术会议,每年请2~3位俄罗斯史学家来校讲学。我们与莫斯科大学(以下简称"莫大")历史系、俄罗斯科学院俄国史研究所和世界史所、俄罗斯科学院圣彼得堡历史所、俄罗斯科学院乌拉尔分院历史与考古所等单位学术联系频繁,有能力、有机会与俄学者交流译书之事,能最大限度地得到俄同行的理解和支持。以前我们翻译鲍里斯·尼古拉耶维奇·米罗诺夫的著作时就得到了其真诚帮助,此次又得到了莫大历史系的大力支持，而这是我们顺利无偿取得系列书的外文版权的重要条件。舍此，"俄国史译丛"工作无从谈起。

三是由于我们团队得到了吉林大学校长李元元、党委书记杨振斌、学校职能部门和东北亚研究院的鼎力支持和帮助。2015 年 5 月 5 日李元元校长访问莫大期间，与莫大校长萨多夫尼奇（В. А. Садовничий）院士，俄罗斯科学院院士、莫大历史系主任卡尔波夫教授，莫大历史系副主任鲍罗德金教授等就加强两校学术合作与交流达成重要共识，李元元校长明确表示吉林大学将大力扶植俄国史研究，为我方翻译莫大学者的著作提供充足的经费支持。萨多夫尼奇校长非常欣赏吉林大学的举措，责成莫大历史系全力配合我方的相关工作。吉林大学主管文科科研的副校长吴振武教授、社科处霍志刚处长非常重视我们团队与莫大历史系的合作，2015 年尽管经费很紧张，还是为我们提供了一定的科研经费。2016 年又为我们提供了一定经费。这一经费支持将持续若干年。

我们团队所在的东北亚研究院建院伊始，就尽一切可能扶持我们团队的发展。现任院长于潇教授上任以来，一直关怀、鼓励和帮助我们团队，一直鼓励我们不仅要立足国内，而且要不断与俄罗斯同行开展各种合作与交流，不断扩大我们团队在国内外的影响。在 2015 年我们团队与莫大历史系新一轮合作中，于潇院长积极帮助我们协调校内有关职能部门，和我们一起起草与莫大历史系合作的方案，获得了学校的支持。2015 年 11 月 16 日，于潇院长与来访的莫大历史系主任卡尔波夫院士签署了《吉林大学东北亚研究院与莫斯科大学历史系合作方案（2015～2020 年）》，两校学术合作与交流进入了新阶段，其中，我们团队拟 4 年内翻译莫大学者 30 种左右学术著作的工作正式启动。学校职能部门和东北亚研究院的大力支持是我们团队翻译出版"俄国史译丛"的根本保障。于潇院长为我们团队补充人员和提供一定的经费使我们更有信心完成上述任务。

2016 年 7 月 5 日，吉林大学党委书记杨振斌教授率团参加在莫大举办的中俄大学校长峰会，于潇院长和张广翔等随团参加，在会议期间，杨振斌书记与莫大校长萨多夫尼奇院士签署了吉林大学与莫大共建历史学中心的协议。会后莫大历史系学术委员会主任卡尔波夫院士、莫大历史系主任杜奇科夫（И. И. Тучков）教授（2015 年 11 月底任莫大历史系主任）、莫大历史系副主任鲍罗德金教授陪同杨振斌书记一行拜访了莫大校长萨多夫尼奇院士，双方围绕共建历史学中心进行了深入的探讨，有力地助推了我们团队翻译莫大历史系学者学术著作一事。

四是由于我们团队同莫大历史系长期的学术联系。我们团队与莫大历史系交往渊源很深，李春隆教授、崔志宏副教授于莫大历史系攻读了副博士学位，张广翔教授、雷丽平教授和杨翠红教授在莫大历史系进修，其中张广翔教授三度在该系进修。我们与该系鲍维金教授、费多罗夫教授、卡尔波夫院士、米洛夫院士、库库什金院士、鲍罗德金教授、谢伦斯卡雅教授、伊兹梅斯杰耶娃教授、戈里科夫教授、科什曼教授等结下了深厚的友谊。莫大历史系为我们团队的成长倾注了大量的心血。卡尔波夫院士、米洛夫院士、鲍罗德金教授、谢伦斯卡雅教授、伊兹梅斯杰耶娃教授、科什曼教授和戈尔斯科娃副教授前来我校讲授俄国史专题，开拓了我们团队及俄国史研究方向的硕士生和博士生的视野。卡尔波夫院士、米洛夫院士和鲍罗德金教授被我校聘为名誉教授，他们经常为我们团队的发展献计献策。莫大历史系的学者还经常向我们馈赠俄国史方面的著作。正是由于双方有这样的合作基础，在选择翻译的书目方面，很容易沟通。尤其是双方商定拟翻译的 30 种左右的莫大历史系学者著作，需要无偿转让版权，在这方面，莫大历史系从系主任到所涉及的作者，克服一切困难帮助我们解决关键问题。

五是由于我们团队有一支年富力强的队伍，既懂俄语，又有俄国史方面的基础，进取心强，甘于坐冷板凳。学校层面和学院层面一直重视俄国史研究团队的建设，一直注意及时吸纳新生力量，使我们团队人员年龄结构合理，后备充足，有效避免了俄国史研究队伍青黄不接、后继无人的问题。我们在培养后备人才方面颇有心得，严格要求俄国史方向硕士生和博士生，以阅读和翻译俄国史专业书籍为必修课，硕士学位论文和博士学位论文必须以使用俄文文献为主，研究生从一入学就加强这方面的训练，效果很好：培养了一批俄语非常好、专业基础扎实、后劲足、崭露头角的好苗子。我们组织力量翻译了米罗诺夫所著的《俄国社会史》《帝俄时代生活史》，以及在中文刊物上发表了 70 多篇俄罗斯学者论文的译文，这些都为我们承担"俄国史译丛"的翻译工作积累了宝贵的经验，锻炼了队伍。

译者队伍长期共事，彼此熟悉，容易合作，便于商量和沟通。我们深知高质量地翻译这些著作绝非易事，需要认真再认真，反复斟酌，不得有半点的马虎。我们翻译的这些俄国史著作，既有俄国经济史、社会史、城市史、政治史，还有文化史和史学理论，以专题研究为主，涉及的领域广泛，有很多我们不懂的问题，需要潜心研究探讨。我们的翻译团队将定期碰头，利用群体的智慧解决共同面对的问题，如单个人无法解决的问题，以及人名、地名、术语统一的问题。更为重要的是，译者将分别与相关作者直接联系，经常就各自遇到的问题发电子邮件向作者请教，我们还将根据翻译进度，有计划地邀请部分作者来我校共商译书过程中遇到的各种问题，尽可能地减少遗憾。

"俄国史译丛"的翻译工作能够顺利进行，离不开吉林大学校领导、社科处和国际合作与交流处、东北亚研究院领导的坚定支持和可靠后援；莫大历史系上下共襄此举，化解了很多合作路上的难题，将此举视为我们共同的事业；社会科学文献出版社的恽薇、高雁等相关人员将此举视为我们共同的任务，尽可能地替我们着想，使我们之间的合作更为愉快、更有成效。我们唯有竭尽全力将"俄国史译丛"视为学术生命，像爱护眼睛一样地呵护它、珍惜它，这项工作才有可能做好，才无愧于各方的信任和期待，才能为中国的俄国史研究的进步添砖加瓦。

上述所言与诸位译者共勉。

吉林大学东北亚研究院和东北亚研究中心

2016 年 7 月 22 日

前　言

当前，历史学进入了一个新的发展阶段，亟须我们更深入、更准确地揭示历史现象和过程的本质。传统的历史研究方法只能粗略地判别历史现象的特征，假想式地推断出历史现象的本质，但现在的历史学家们已经越来越不满足于这些描述性的、近似的方法了。对此，列宁强调了"从记载（和从理想的观点来评价）社会现象进而以严格的科学态度去分析社会现象"① 的必要性，指出了研究者缺乏"坚定的社会科学的方法论"② 的局限性。

在历史研究中，运用数学方法是克服研究囿于"描述"层面的一种途径。通过数学方法，研究人员可以揭示历史现象及过程的量化尺度，对相关特征做出更精确、更严谨的阐释。

第一部运用定量法撰写的史学著作问世以来，至今已经过去20余年了。③ 此间，仅苏联就出版了百余部著作。这些成果运用数学方法和计算机技术，解决了经济史、社会史、文化史、人口史、考

---

① 　Ленин В. И. Полн. собр. соч. , т. 1, с. 137.

② 　Там же, с. 285.

③ 　本书俄文版出版于 1986 年。——译者注

古学、民族学中的各种问题，几乎囊括了所有数理统计方法以及数学领域的其他方法（诸如信息论、微分方程论、博弈论、图论、最优化方法）。

近年来的史学作品中，以多元统计分析方法为基础的数据处理研究呈现大幅度增长的趋势。在其他相关的应用经验数据分析的社会科学中，这种势头也有目共睹。①

在美国的史学研究中，多元统计分析方法同样引人瞩目。这些方法被视为"描述性"历史研究方法的替代方案："历史是否应通过戏剧性的叙事、法律性的论述、侦探性的故事，不紧不慢地、一步一步地阐述事件的本质，时而真实、时而虚构地逐渐逼近问题的解决？抑或，历史是不是对定量变量的多元分析，以此来明确相互关系，解释大众行为、事件和过程？"② 当然，上述替代方案在现实中并不存在，但博克（Boque Allan G.）的说法，以一种微妙而夸张的方式，强调了西方量化历史研究中多元统计分析方法的作用。

值得注意的是，按照苏联史学界的说法，在历史研究中，不论是运用多元统计分析方法这样的定量法，还是其他定量分析方法，"都绝不是万能的，它们是不能代替其他方法的，只有将形式上的定量分析和本质上的定性分析有机结合起来，即以特定的历史认知理论和方法论为基石，在上述方法的基础上获得的现象和过程的定

---

① 譬如，一本采用统计学方法进行社会学研究的书指出：多元统计分析方法在社会学中的应用最广（Статические методы анализа информации в социональных исследованиях. М., 1979，с. 5）。

② Боуг А. Дж. Квантификация в 80 - х годах. （Количественный и фармальный анализ в изучении Соединенных Штатов）В кн.：количественные методы в советской и американской историографии. М., 1983.，С. 64.

量特征，才能助力我们加深对过去的认识"。①

那么，多元统计分析方法究竟是什么呢？

所谓多元统计分析方法，是多种数理统计方法的集合，研究的是统计总体，其研究对象具有成组特征（常被称为多元）。多元统计分析方法具体是由哪些方法构成的呢？学界对此说法不一。其中最常见的方法有：多元分类和模式识别、因子分析和成分分析、多元回归和多维标度（有时也包括方差分析）等。上述所列方法，基本上回应了近年来社会科学的需求。在社会科学中，对研究对象进行多元描述，是大多数经验数据分析研究的典型特征。采用多元统计分析方法开展历史研究，有利于确定对象集合与特征组合的结构，明晰"同类"对象群及其发展变化的综合因子，评估影响本质特征的各种因素的意义和作用。

随着信息学和计算机的广泛应用，多元统计分析方法走向实际应用成为可能。

借助多元统计分析方法，可以解决森罗万象的问题，其中最主要的一项就是揭示多元对象的类型学（типология）及类型特征。

之所以需将多元统计分析方法引入历史研究，在很大程度上是因为大量史料进入了学术流通领域，亟待处理和分析。② 目前，国

---

① Ковальченко И. Д. ， Тишков В. А. ， Итогои и перспективы применения количественных методов в советской и американской историографии. Там же， с. 9.

② Массовые источники по социально - экономической истории России период копитализма. Под ред. И. Д. Ковальченко. М.， 1979；Массовые источники по социально - экономической истории советского общества. Под ред. И. Д. Ковальченко. М.， 1979；Массовые источники по истории советского рабочего класса периода развитого социализма. Под ред. И. Д. Ковальченко. М.， 1982.

内外史学界在运用多元统计分析方面已经积累了一定的经验，部分成果反映在 20 世纪 80 年代出版的专著和论文集中。① 但迄今为止，在方法与方法论层面仍没有系统性的介绍，学术界也缺乏对具体史学研究成果的综合概括。因此，本书试图填补这一空白，在多元统计分析方法的基础上，扩充历史类型学研究的方法论宝库。

本书的写作原则不是"从问题出发"，而是"从方法出发"。因此，本书的框架结构颇显复杂，共分三大部分。其中，第一部分探究了历史研究中运用多元统计分析的方法与方法论问题，针对非数学专业的读者，叙述了多元统计分析方法，也强调了方法的逻辑释义，同时，对历史研究中的多元统计分析方法主要应用方向进行了简明扼要的分析评述。

第二部分介绍了 19 世纪末 20 世纪初欧俄各省农业类型学的史学研究成果。此部分亦是本书的核心内容，具体展示了整套多元统计分析方法在历史类型学研究中的应用效果。

第三部分举例说明了在描述性史料中使用信息聚合方法的成果。此部分旨在发掘多元统计分析方法在内容分析中的应用潜力，探索处理庞大史料时，建立机器可读档案数据库的可能性（以苏维埃第一次代表大会代表的履历信息为例）。其中，最后一章还专门

---

① Математические методы в социально – экономических и археологических исследованиях М. , 1981; количественные методы в советской и американской историографии. М. , 1983; Математические методы и ЭВМ в исторических исследованиях. М. , 1984; Ковальченко И. Д. , Селунская Н. Б. , Литваков Б. М. Социально – экономический строй помещичьего хозяйства Европейской России в эпоху капитализма. М. , 1982; Славко Т. И. Математико – статистические методы в исторических исследованиях. М. , 1981; Хвостова К. В. Количественный подход в средневековой социально – экономической истории. М. , 1980.

研究了古文献的聚类分析法（以《法人法典》抄本为例，此法被誉为古斯拉夫法律思想的里程碑）。

　　本书之所以能够顺利出版问世，要归功于笔者与莫斯科大学历史系史料学教研室各教授和研究员们长期不懈的通力合作，在本书梓刻之际，特向 И. Д. 科瓦利琴科、Л. В. 米洛夫、Н. Б. 谢伦斯卡娅、А. К. 索科洛夫等前辈、同人表示衷心的感谢，同时，也要感谢史料学教研室数学组成员 И. М. 加尔斯科夫和 Т. Ф. 伊兹梅斯季耶夫研究员在本书编写过程中提供的悉心帮助。

目　录

第一部分　历史研究中应用多元统计分析的
方法与方法论问题

第三部分　叙述体史料研究中多元
分析方法的应用经验

第一部分

历史研究中应用多元统计分析的

方法与方法论问题

本部分旨在解释说明历史研究中应用多元统计分析的方法与方法论问题，以具体的实例，考察史学工作者运用此种新方法所能解决的问题的类型，廓清历史研究中多元统计分析方法的适用"范畴"。

第一章
历史研究中应用多元统计分析的
方法论问题

在社会科学领域，很多研究涉及类型学问题，即界定研究对象的类型及所界定的（或已知的）类型的特征，多元统计分析（MSA）是解决该问题的方法论基础。因此，本章的重点是讨论社会现象类型化的方法论问题，明确多元统计分析方法在历史研究中的可能性和局限性。

第一节　社会经济体系中研究对象类型化的若干方法论问题

社会科学的一项重要任务是确定社会经济现象的类型，并详细阐释它们的特征。列宁高度重视现象类型的研究。与形而上学的概念相反，列宁在其著作中从历史的角度出发，认为社会经济现象的类型是具体社会进程的表现，是众多个别现象的共同的本质特征。

列宁在著作中除了使用"类型"的概念外，还经常使用"分类"

的概念；在某些情况下，这两者实际上是等同的。在这些著作中，现象的类型反映了真实的、客观的联系，揭示了各种特定类型的对象所持有的共同特征。① 列宁认为，分类方法是对各类现象进行定量分析的主要手段。在《谈谈地方自治局的统计任务问题》一文中，他提倡应当尽可能多地、尽可能合理而详细地编制分类表和复合表，以便对实际生活中刚出现的或正在出现的（这是同样重要的）一切类别的农户分别进行研究。② 列宁进一步强调了分类方法在建立和描述类型学群组中的必要性，并认为现象的经济类型只有通过全面地、合理地编制好分类表和复合表，才能显现。③

列宁对类型的理解及其关于类型学的具体研究，鲜明地体现了对定性和定量概念的辩证诠释。在这一点上，定性方法颇为先进。列宁仅根据表现性质差异的特征就区分了现象的类型。但他在书中不止一次地指出，不能仅限于单一的分类属性就做出判断，即使是极其重要的属性也不例外，因为这很有可能会造成曲解，导致偏离类型及其相互关系的本质。列宁令人信服地指出，只有运用特征体系，才能对每种类型的现象进行完整的描述。因此，为了描述农户的类型，他使用了播种面积、牲畜数量、农具使用情况、土地租赁等多个统计指标。这是因为，单独使用任意一种特征来描述对象总体的生产关系都可能是片面的，只有特征的集合，才能给这些关系定性，做出相对完整的评估。④ 因此，多元性（现代术语）的描述

---

① Рябушкин Т. В. （под ред.）, Ленин В. И., и современная статистика. М., 1970, с. 109.

② Ленин В. И., Полн. собр. соч., т. 24, с. 277.

③ Там же.

④ Рябушкин Т. В. （под ред.）, Ленин В. И., и современная статистика. М., 1970, с. 110.

是区分现象类型的必要条件。

在反对主观主义的社会研究方法方面，列宁针对现实中已出现和即将出现的现象，全面考虑了它们的发展趋势和各种形式，提出了事实分析的总体原则。这项原则在类型学研究中具有重要的意义。正如列宁在《统计学和社会学》一文中写道："在社会现象领域，没有哪种方法比胡乱抽出一些个别事实和玩弄实例更普遍、更站不住脚的了。挑选任何例子是毫不费劲的，但这没有任何意义，或者有纯粹消极的意义，因为问题完全在于，每一个别情况都有其具体的历史环境。"①

言及解决地区类型问题的方法论时，列宁的下列论述至关重要："有许多问题，而且是涉及现代国家的经济制度和涉及这种制度的发展的最根本问题，过去都是根据一般的估计和粗略的资料来解决的，现在如果不考虑按某一确定的提纲收集并经统计专家综合的关于某一国家的所有地区的大量资料，对这些问题就无从进行比较认真的研究。"②

列宁著作中有关类型学研究的方法论原则（探析与现象性质密不可分的数量关系，核实区分现象类型的特征体系，利用与所研究问题相关的事实总体等），是现代历史类型学研究的基础。

第二节 多元统计分析在历史类型学
研究中的意义

对于社会历史类型学的研究现状，需要做专门的考察，

---

① Ленин В. И. , Полн. собр. соч. , т. 30, с. 350.
② Ленин В. И. , Полн. собр. соч. , т. 19, с. 323.

M. A. 巴尔格曾在专著中对此进行了较为充分的阐述。他指出，在历史进程中的任意一环，普遍、特殊和单一的客观辩证法都会使历史学家面临类型学的问题，由此我们得出结论："全面深入研究历史类型学的方法具有重要意义。"在"历史类型"的本体论方面，M. A. 巴尔格强调，历史进程"呈现特征性、典型性的特点"。①

这就催生了一项任务，即制定出识别这些类型特征的具体方法。该问题的解决应当以列宁提出的类型学研究的方法论原则为基础。基于这些原则，我们不难得出结论：实证主义将"历史类型"这一概念解释为一种纯形式化的、描述性的现象类型学，是将所积累的经验材料系统化的唯一方法。显然，这种分类方法"完全混淆了主要和次要，本原和派生，实质和附加"。② 因此，用马克思的话来说，就是"……如果事物的表现形式和事物的本质会直接合而为一，一切科学就都成为多余的了"。③

以唯物史观为指导，使用经验数据、运用现代类型学方法的做法，是为了认清现象的本质，其中，制定理论依据充分、内部关联密切的标准（特征）体系是重要的一步，这将有助于确定研究对象的类型。

随着苏联史学家对历史类型学问题的兴趣日益高涨，M. A. 巴尔格指出："源于'印象'的直觉方法论的残余，必须让位于另一种历史研究方法。这是一种基于理性研究的方法体系，常常将发展

① Барг М. А. , Категории и методы истоюической науки М. , 1984 , с. 205, 216.

② Барг М. А. , Указ. соч. , с. 215.

③ Маркс К. и Энгельс Ф. Соч. , т. 25, ч. Ⅱ , с. 384.

对象视为一个复杂的整体。马克思主义把对象的结构及其发展规律问题置于历史科学关注的中心，从而为成功解决这一问题创造了一切必要的理论前提。"①

***

在现代科学研究中，分类法常常被广泛应用于类型学方法的构建当中。② 纵观其学术史，一种足够严格和精确的分类法，"在总结某一特定知识领域先前发展的成果的同时，也标志着其发展新阶段的开始"。③ 按照广义的哲学定义，"科学中的任何一种分类法，首先是作为一种手段，以更好地认识尚未形成定型概念的研究对象"。④ 考古学家对分类法的定义与此十分契合，他们认为，分类法是"将多个对象进行排序，从而对其原始形式中未包含的事实做出结论"。⑤

因此，对历史研究中的分类法理论进行评价，也具有非凡的意义："在历史的各个分支，分类不是为了分类而分类，而是为了解决可信性问题，厘定事实并予以解释。"⑥

通过对分类法理论及其应用现状的述评可以发现，"目前，分

① Барг М. А., Указ. соч., с. 237.

② Типология и классификация в социологических исследованиях. М., 1982.

③ Мейен С. В., Шрейдер Ю. А., Методологические аспекты теории классификации. – ВФ, 1976, № 12, с. 67.

④ Формальная логика, Учебник для философских факультетов университетов. Л., 1977, с. 140.

⑤ Гарден Ж. – К. Теоретическая археология. М., 1983, с. 116.

⑥ Фарссбин В. В., Источниковедение и его метод. М., 1983.

类技术在不同的知识领域之间进行着交流，各种逻辑和数学方法越来越广泛地被应用到分类实践之中"。① 分类法的通用理论逐渐形成，其方法论也正在酝酿。②

一个关于方法论的问题是类型学、分类法和分组法之间的关系问题。这些问题在以往的文献中有过详细的讨论，③ 这里便不再赘述，而笔者想要强调的重点是，在某种意义上彼此相似的多个对象，通常应被归为一类或一组。此外，属于同一类别的对象的相似程度，应高于属于不同类别的对象的相似程度。④ 对此，M. A. 巴尔格指出，"每种'类型'在定性同质的范围内具备一切共性'基础'，同时也应具有一些特有的、唯一的属性"。⑤

需要指出的是，通过任意一种分类方法获得的在某种意义上相似的对象的类（组），均不能自动解释为"类型"，这种解释只有在对分类结果进行详细阐释之后才有可能。

---

① Мейен С. В. , Шрейдер Ю. А. Указ. соч. с. 68.

② Розова С. С. , Философское осмысление классификационной проблемы. – ВФ, 1980, №8; Ядов В. А. , Социологическое исследование：методология, программа, методы. М. , 1972; Тюхтин В. С. , Теория автоматического опознавания и гносеология. , 1976; Мейен С. В. , Шрейдер. Ю. А. Указ. соч; Коган М. С. , Системное рассмотрение основных способов группировки. – В кн. : Философские и социологические исследования. Л. , 1977; Кильдишев Г. С. , Аболенцев Ю. И. , Многомерные группировки. М. , 1978; Воронин Ю. А. , Теория классифицирования и ее приложения, Новосибирск, 1985; Розова С. С. , Классификационная проблема в современной науке. Новосибирск, 1986.

③ Типологий и классификация в социологических исследованиях. М. , 1982.

④ Елисеева И. И. , Рукавишников В. О. , Группировса, корреляция, распознавание образов; М. , 1977, с. 9.

⑤ Барг М. А. , Указ. соч. , с. 222.

***

多元统计分析方法之所以能够广泛地应用于历史类型学的研究当中，主要得益于大量史料的涌现，使我们可以利用现有对象的总体，并兼顾对象的特征体系，这为落实类型学研究的方法论原则创造了机会。

利用多元分类法的各种方法，我们可以区分多元特征空间中定义的"同质"对象组，并获得这些组（类）的统计特征，包括初始特征和广义特征。正如一部有关历史研究中多元统计分析应用的著作指出的那样，"列宁对复合表的科学潜力的高度评价，本质上来自对强大的多元定量方法的预想"。①

以多元统计分析为核心进行的分类任务，被归结为寻找由多元特征空间中的点所表示的对象的"紧群"。只有像计算机这种实现了多元分类的数学方法的工具，才能胜任此项工作。

历史类型学的另一研究侧面与因素的评价有关，这些往往是对特征产生实质性（结果性）影响的因素。对于分属不同类型的对象，因素的影响可能大不相同。凭借多元统计分析方法中的多元回归分析，我们可以解决这一问题。

关于个体因素对某个值的变化的总体影响，马克思的观点具有重要的方法论意义。在考察持续时间、生产力和劳动强度，即影响必要时间和剩余时间之比的三个因素时，马克思写道："很明显，

① Пушков В. П.，Факторный анализ как метод классификации и изучения внутреннего строя крестьянских хозяйств，Автореф. канд. дис. М.，1981，с. 7.

在这里可能有许多种组合。可能两个因素变化，一个因素不变，或者三个因素同时发生变化。它们可能在同一程度上或在不同程度上变化，可能向同一方向或向相反的方向变化……只要顺次地把其中一个因素视为可变，把其他因素视为不变，就会得到任何一种可能的组合的结果。"① 多元回归模型实施的正是这一原则。

实施多元统计分析方法，也包括特征的筛选阶段在内。对此，A. Я. 博亚尔斯基指出，"在界定特征条目的过程中，必然会出现定性分析……一旦清楚地认识到这一点，一切就都水到渠成了，因此，在这方面，聚类分析与列宁的农户分类等经典研究的思想非常相似"。②

使用具有近乎无限计算能力的现代计算机，并不能完全满足研究人员对特征进行合理筛选的需要，尽管欧美研究人员经常出现这种错觉。

此处需重申，多元统计分析方法在历史类型学研究中的成功运用，有赖于"一些理论与方法论的目标和原则，通过它们的运用，我们可以明确研究任务，筛选、处理和分析具体史料，并对所得结果进行阐释"。③ 这些原则构成了具体的历史研究的基础，本书后文将对此展开讨论。

---

① Маркс К., и Энгельс Ф. Соч., т. 23, с. 536 – 537.

② Боярский А. Я., О методологических принципах и многомерном анализе. – Предисловие к кн.: Дюран Б., Оделл П. Кластерный анализ. М., 1977, с. 9.

③ Ковальченко И. Д., Тишков В. А., Итоги и перспективы применения количественных методов в советской и американской историографии, – В кн.: Количественные методы в советской и американской историографии. М., 1983, с. 8.

第二章
多元统计分析的方法

　　本章将简要阐述多元统计分析的主要方法，重点关注每种方法的逻辑本质，数理问题次之。这既符合本书篇幅的要求，同时也寄希望于帮助广大没有受过数学专业训练的读者了解多元统计分析的方法。此外，现有的专著和教科书已使用相关数学工具对多元统计分析有过详细研究，因而本书的研究得以化繁为简。① 其中最通俗易懂的一本是关于历史研究中的量化方法的教科书。②

　　多元统计分析及其主要方法（多元回归、因子分析、自动分类、模式识别、多维标度）是实用数学研究的内容，分属于"数据分析"这一新分支。事实上，数理统计方法通常指的只是那些对原

①　Статистические методы анализа информации в социологических исследо ваниях. М. , 1979；Айвазян С. А. , Енюков И. С. , Мешалкин Л. Д. Прикладная статистика. М. , 1983；Браверман Э. М. , Мучник И. Б. , Структурные методы обработки эмпирических данных. М. , 1983；Болч Б. , Хуань К. Дж. Многомерные статистические методы для экономики. М. , 1979.

②　Количественные методы в исторических исследованиях, Учебное пособие, Под ред. И. Д. Ковальченко. М. , 1984.

始数据进行统计处理的方法，这些方法诉诸数据的概率性质，以生成的概率模型为基础，凭借这些模型，可以得到显著性评估、置信区间等。

与此同时，自 20 世纪 60 年代以来，作用于原始信息处理的另一类统计方法逐渐焕发勃勃生机，它们应用广泛、契合现实需要，并不依赖于待分析数据的概率性质。这些方法并不居于普通的数理统计框架之内，① 因而被称为 "数据分析"。正如阿德列尔（Ю. Адлер）所指出的那样，从统计学（数学）到数据分析的征途，是统计学 "基石的震荡"。②

普遍认为，数据分析的范围几乎是无边界的，因为数据可以用于各项研究的方方面面，但每项研究都可能需要特殊的分析方法。但是近年来逐渐诞生了一些综合性的数据分析问题，例如特征之间的关系估计、对象之间的关系估计、对象分类、特征空间的降维等等。运用解决上述问题的大多数数据分析方法，还无法得出概率统计显著性估计、置信区间、总体参数估计、拟合优度标准等等。③ 然而，不可否认的是，没有理由 "仅仅因为在一种情况下已经计算出了或然误差，而在另一种情况下还没有计算出来，就把不符合特定目标的方法置于符合目标的方法之上"。④ 由此得到的警示是，不要过度（有时甚至是轻率地）使用概率统计方法作为统计数据处理的主要工具，因为在许多情况下，统计检验的选择有一定的

---

① Айвазян С. А. , Енюков И. С. , Мешалкин Л. Д. Указ. соч. , с. 17 – 18.

② Ю. Адлер, Наука и искусство анализа данных. – Предисловие к кн. : Мостеллер Ф. , Тьюки Дж. Анализ данных и регрессия. М. , 1982, с. 9.

③ Миркин Б. Г. , Анализ качественных признаков и структур. М. , 1980, с. 10.

④ Джини К. , Логика в статистике. М. , 1973, с. 23.

难度："……对于任何假设和任何环境，都能找出一种检验准则来否定它。问题在于，一方面，不要对此做过头，只承认那些适用于具体问题、有重要意义的检验准则；另一方面，倘若不想否定某些待检验的假设，一般是可以找出不否定它的准则的。这里谈论的已然是统计学家的责任心问题了。"① 应始终服膺这种责任意识，牢记统计方法与历史研究实际任务之间的联系。当然，若能成功找到总体的概率模型也是不错的，于它而言，所使用的概率统计方法是等效的，但如果总体模型尚未搭建起来，也无伤大雅。而在这种情况下，数据分析尤其是多元统计分析的方法将大有裨益了。

第一节　多元回归分析

回归分析据称是多元统计分析中应用最广泛的方法。许多专业文献已对回归分析的各个方面进行了详尽的研究。② "多元回归"一词是指分析一个因变量（被解释变量）与一组自变量（解释变量）之间的依存关系。研究人员根据研究现象（过程）的概念内

---

① Тутубалин В. Н. , Границы применимости（вероятно – статистические методы и их возможности）. М. , 1977, с. 36.

② Общая теория статистики. Учебник, М. , 1975；Кендалл М. Дж. , Стьюарт А. Статистические выводы и связи. М. , 1973；Дрейпер Н. , Смит Г. Прикладной регрессионный анализ. М. , 1973；Елисеева И. И. , Статистические методы измерения связи. Л. , 1982；Езекиел М. , Фокс К. Методы анализа корреляций и регрессий. М. , 1966；Бородкин Ф. М. , Статистическая оценка связей экономических показателей. М. , 1968；Трофимов В. П. , Измерение взаимосвязей социально – экономических явлений. М. , 1975.

涵，将变量分为因变量和自变量。所有的变量（指标）都必须是定量的（连续定距型变量）[尽管也可以使用二分变量（二值品质型变量），但取值只能是 0 和 1]。

要想正确使用回归分析，必须满足几个假定。自变量必须是不相关的（无多重共线性），是可以被精确实测的，并且它们的测量不存在自相关性，即一个对象的特征值不应依赖于其他对象的特征值。[①] 因变量必须具有不依赖于自变量的恒定方差（存在同方差性）。对象的数量必须超过变量数量的数倍，多元回归方程的参数才能获得可靠的统计。所研究的总体必须具有足够的同质性。严重违反这些假设条件，会导致多元回归模型的误用。

在建立回归模型时，首先出现的是函数依赖的表达形式问题，也即如何用函数来描述因变量和多个自变量之间的关系。关系表达式的选取应基于对现象本质的定性分析、理论分析和逻辑分析。

线性回归模型的一般表现形式是：

$$Y = a + B_1 X_1 + B_2 X_2 + \ldots + B_m X_m + \varepsilon \qquad (2-1)$$

---

① 此处需回顾一下表示定量变量（数量标志）离散趋势的基本指标：方差 D，标准差 σ，离散系数 V。$D = \sum\limits_{j=1}^{n} (x^j - \overline{X})^2$（原文如此，但应为 x_j，下同——译者注）；$\sigma = \sqrt{D}$；$V = \dfrac{\sigma}{\overline{X}} \cdot 100\%$。式中，$n$ 是样本数量，x^j 是 j 个自变量 x 的标志值，$\overline{X}$ 是标志值 X 的均值，$\overline{X} = \sum\limits_{j=1}^{n} x^j / n$。$X$ 变量的离散程度越强，D、σ 和 V 的值就越大。离散系数（又称变异系数）V 是不同质变量的可比值，其值以百分比表示。我们在此不考虑分布形式等常见问题，我们仅关注，对于分布接近于正态的变量，不相关就意味着独立。此外，在研究这类变量的关系时，可以正确计算样本估计值并构建置信区间。

其中，Y 是因变量（被解释变量），X_1，...，X_m 是自变量（解释变量），B_1，...，B_m 是回归系数；a 是方程中的自由项，ε 是回归模型的随机误差项。

方程 2 − 1 是系数为 B_i 的线性回归方程；而在许多场合，非线性模型更符合实际，其中，X_i 表示自变量，$i = 1$，2，...，m（在方程 2 − 1 中，可用 X_i^2、$\log X_i$ 等替代 X_i，表示非线性模型）。许多非线性模型可以通过"线性化"转化成线性回归模型，以简化计算。问题在于，是否需要对初始因子 X_i 进行变换，如果需要，变换成什么形式，对此，相关文献已给出详细论证。[①] 实践中最常见的是对数变换（$\log X$）。如果 X 的最大值是最小值的两倍及以上，并且 X 与 Y（$r_{XY} > 0.9$）的相关性很高，则可以使用。如果 X 的最大值是最小值的 20 倍及以上，那么是一定需要转换的。

在回归方程 2 − 1 的大多数应用中，自变量是以原始形式呈现的，即方程 2 − 1 是以 X_1，...，X_m 为自变量的线性回归方程。如果原始变量采用了非线性变换，那么回归方程 2 − 1 通常被称为非线性回归。

回归系数 B_i 的确定，应使误差项 ε 最小，误差项 ε 表示线性回归方程 $a + B_1 X_1 + ... + B_m X_m$ 中的因变量 Y 与真值的近似程度。可以借助最小二乘法达成目的。

如果已经创建了多元回归方程 2 − 1，那么可以在被解释变量 Y 的方差中，把受解释变量变化影响的部分，即借助回归模型解释的部分，与未被解释的剩余部分区分开来。显然，回归方程所能解释的变异性 V 越大，用解释变量（自变量）的数值中还原出的被解释

---

① См. , напр. : Мостеллер Ф. , Тьюки Дж. Указ. соч.

变量（因变量）的数值就越准确。因此，它们之间的联系也就越紧密，线性相关程度就越强。衡量这种关系密切程度的自然尺度，是回归模型已解释的变量 Y 的方差与变量 Y 的总方差之比：

$$R^2_{Y/X_1,\ldots,X_m} \frac{已解释方差}{Y的总方差} = 1 - \frac{剩余方差}{Y的总方差}$$

R 称为复相关系数，反映了被解释变量 Y 与一组解释变量 $X_1,\ldots,X_m$ 之间的相关程度。在一元回归方程中（即只存在一个自变量 X_1），R_{Y/X_1} 与常见的一元相关系数 $r_{X,Y}$ 一致（简单相关系数 $r_{X,Y}$ 是 X、Y 这对变量之间线性关系密切程度的统计量度。相关系数 $r_{X,Y}$ 的取值范围是 $[-1,+1]$，$r_{X,Y}$ 越接近 ± 1，二者的相关程度就越紧密，越接近函数关系。$r_{X,Y}$ 的值为 0，表示变量间不存在线性关系）。R^2 越接近 1，回归效果就越好，方程 2-1 对经验数据的描述就越准确。

对于多元线性回归方程 2-1，系数 B_i 的含义是：B_i 的值表示自变量 X_i 每增加一个单位，在回归方程中其他自变量不变的情况下，因变量 Y 的平均增减数量（即估计每个因子对结果的"净"影响）。

根据这个定义，回归系数 B_i 不能直接相互比较，因为它们取决于因子 X_i 的测量单位。为了使这些系数具有可比性，所有变量都以标准尺度表示，记为：

$$Y' = (Y - \overline{Y})/\sigma_Y; \quad X'_i = (X_i - \overline{X})/\sigma_{X_i} \qquad (2-2)$$

式中，$\overline{Y}$ 和 $\overline{X}$ 是变量 Y 与 X_i 的平均值；σ_Y 和 σ_{X_i} 是变量 Y 与 X_i 的均方差（标准差）。

使用变量标准化构建的多元回归方程被称为标准化回归方程，

相应的回归系数被称为标准化回归系数，或 β（Beta）系数。系数 B_i 和 β_i 之间存在简单的关系：

$$B_i = \beta_i \sigma_Y / \sigma_{X_i}$$

标准化回归系数 β_i，表示在回归方程中包含的其他因素不变的条件下，随着 X_i 每增加一个标准差 σ_{X_i}，Y 中标准差 σ_Y 变化的数量。

也可以不根据 β 系数来进行因素比较，而根据它们对解释方差的"贡献"。

对样本总体建立多元回归模型后，需要对回归系数 B_i（对此使用 t 统计量检验，又称学生检验）和复相关系数 R（对此通常构造 F 统计量进行检验，称为 F 检验，又称费希尔检验）的显著性进行检验。F 检验常用于检验整个多元回归方程的显著性，也就是检验各解释变量联合起来对被解释变量是否有显著的线性关系。

上述数理统计的检验准则，也可用来研究统计总体中指标（变量）间的相互关系。这种情况下要检验的是，所揭示的统计规律是不是由偶然情况引起的，以及当调查总体处于复杂条件中时，统计规律的显著性如何。这个总体不是从真实总体中抽取的样本，因为真实总体只能是一种假设的存在。当前数据是在相同条件下从某个假设的总体中抽出的个体样本，假设的总体是一个科学的抽象概念。在对连续观察结果的概率估计（显著性估计等）进行解释时，我们应该认识到，现实中不存在任何总体。此举不是要判断所获结果对于某个宏大总体的正确性，而是要确定其规律性的程度和不受随机影响的自由度。

这种对连续观察结果进行估计的方法，在众多数理统计文献中呈现得几乎一致。① 它被广泛运用到实践中，比如运用 t 统计检验法剔除不显著因素。这里需要注意的是，这种因素显著性检验方法只有在解释变量不相关（或弱相关）的情况下才是可靠的，而在实践中往往是不可行的。在具有相关属性的多元统计回归模型中，可能会出现 t 检验结果出错的情况，比如结果显示变量在统计上不显著，而实际上却对被解释变量有着显著的影响。②

我们认为，该研究方法更适合用来估计回归模型参数的稳定性及其与真实数据的相符程度。但是，仅仅通过 t 检验或 F 检验来判断基于连续数据建立的依赖关系是有规律的还是由随机情况引起的，是很不合理的。还需要进行定性分析，了解与所研究现象有关的具体历史条件。

在构建多元回归方程的基础阶段，需要筛选出最能影响被解释变量的主要因素。建立多元回归模型的这一阶段，要在定性、理论分析的基础上，结合统计方法的使用。因素的选择通常要经历两个步骤。第一步是经充足分析，标记出理论上可能会对被解释变量有显著影响的一系列因素。第二步是用定量估计辅助定性分析，继而为所考虑的关系形成的具体条件，筛选出具有统计意义的重要因素。这种估计的次数相当之多、不胜枚举。它们的基础是利用解释变量与被解释变量 Y 的简单相关系数或偏相关系数，或者是检验因素对解释方差贡献率的 t 检验等。

---

① Головач А. В. ，Ерина А. М. ，Трофимов В. В. ，Критерии математической статистики в экономических исследованиях. М. ，1973，с. 33 – 36.

② Елисеева И. И. ，Рукавишников В. О. ，Логика прикладного статистического анализа. М. ，1982，с. 127.

到了研究的第二步，因素的选择通常始于对第一步所得因素的简单相关系数矩阵的分析。彼此关系密切的因素凸显（ $|r_{ij}|$ > $0.7 \sim 0.8$ ）。如果解释变量之间存在这种相关性，就应剔除其中一个或多个因素，这样，剩余的因素之间就不会存在密切关联（此时被解释变量 Y 和解释变量之间的相关系数当然可以很高）。这一操作规避了多重共线性的负面影响。

随后可以采用逐步回归算法中实施的一些逐步筛选策略。这里普遍存在两种筛选方案。第一种方案是解释变量不断进入回归方程的过程。如果一个变量能够明显增加复相关系数的值，那么就将该变量引入方程，这样做，即使在变量体系（出于实际考虑，被选为自变量的变量体系）存在多重共线性的条件下，也能依次筛选出对被解释变量有重要影响的因素。[①] 显然，第一个被引入方程的因素是与 Y 最密切相关的因素，第二个被引入方程的因素是筛选出第一个因素后具有最高复相关系数的因素，以此类推。至关重要的是，每一步都能获得一个新的多重系数值（比前一步的值大）。因此，能够确定每一个筛选出的因素对 Y 的解释方差的贡献。

逐步回归的第二种方案是使用 t 检验将因素不断剔除出回归方程的过程。在建立回归方程和对模型中全部回归系数的显著性进行检验之后，将系数不显著且置信系数最小的一个因素从模型中剔除，然后建立新的多元回归方程，并再次检验所有剩余回归系数的显著性。如果其中又有不显著的因素，就再次剔除 t 检验值最小的因素。如果所有回归系数都显著，则剔除过程终止。在执行上述逐

---

① Елисеева И. И. ，Рукавишников В. О. Указ. соч. ，с. 28.

步回归方案时，应牢记前文所述的 t 检验应用的特殊性（尤其是多重共线性的负面影响）。

在描述多重共线性的一般影响时，应该注意到，其存在会降低回归系数估计值的准确性（系数的标准差过大）；也会造成使用 t 检验来估计回归系数的统计显著性的结果不显著，因为在分析中很有可能会引入某些错误的变量；同时，这还会导致回归系数对原始数据特征的敏感性急剧增加的情况，比如，增加少量的观察值，会导致 B_i 的值发生较大变化。[1]

需要指出的是，测度多重共线性，不仅可以通过分析简单相关系数来实现，还有一些更微妙的方法，可以估计多重共线性的实质，并测定其"责任"因素。[2]

在不存在多重共线性且满足其他要求的情形下（如上所述），利用多元回归模型可以估计每一个所考虑的因素的显著性，确定每个因素对结果产生影响的重要程度（β 系数的值和使用逐步回归法获得的因素的贡献率，均可从不同方面体现这种重要程度），并获得每个因素变化时被解释变量平均变化值的定量评估（回归系数 B_i 的值）。最后，复相关系数的值 R 能够估计出影响被解释变量 Y 变化的考虑因素所占的比重（反之，也能估计出未考虑因素的占比）。对未考虑因素的估计是多元回归模型的一大优势，因为正如 И. Д. 科瓦利琴科和 B. A. 季什科夫所指："定义我们已知的和未知的，是定量分析最后阶段的必要条件。"[3]

---

① Елисеева И. И. Указ. соч., с. 71.

② Джонстон Дж. Эконометрические методы. М., 1980, с. 164.

③ Ковальченко И. Д., Тишков В. А. Указ. соч., с. 14.

第二节　因子分析

上文提到，使用回归分析的重点在于确定影响结果的每个解释变量的权重，排除其余因素后，量化评估某个因素的"净"影响。

在因子分析的框架内，也有一种方法可以研究变量间相互作用的结构。这种方法的依据是，研究对象具有综合特性，尤其表现在各个特征间错综复杂的相互联系和依赖关系中。因子分析的重点是探讨所研究现象特征形成的"内部"原因，提取具体指标背后的综合因子。

因子分析不需要先验地将变量区分为自变量和因变量，因为这之中的所有变量都是平等的。这里不存在回归－相关分析所特有的"其他一切条件不变的假设"。因子分析的目的是，找出少数几个最能代表现象的内在特征，以综合表示数量较多的研究变量，从而使原始信息集约化。然而，这少数几个内在特征是不可直接观测的（例如"农业发展水平"）。在这种情况下，我们认为，最具代表性的特征同时也是最本质的决定性特征。① 下文将称之为综合因子（或综合因素，或简称因子）。

由于许多著作已经详细描述了因子分析的方法，② 本书仅对多

① Жуковская В. М. , Мучник И. Б. , Факторный анализ в социально － экономических исследованиях. М. , 1976, с. 3.

② Харман Г. , Современный факторный анализ. М. , 1972；Лоули Д. , Максвелл А. , факторный анализ как статистический метод. М. , 1967；Многомерный статистический анализ в социально － экономических исследованиях. М. , 1974；Окунь Я. , Факторный анализ. М. , 1974；Иберла К. Факторный анализ М. , 1980；Жуковская В. М. , Мучник И. Б. Указ. Соч.

元统计分析在该方向上的主要方法加以研究。

假设有 n 个对象，每个对象都有一组 m 个变量。我们用 X_{ij} 表示第 i 个对象的第 j 个特征值，那么原始信息即可以表格的形式呈现，称之为数据矩阵。该表有 n 行（按对象数）和 m 列（按变量数）。因此，表格的每一行都对应一个对象，每一列都对应一个变量（见表 2 - 1）。

如果 m 个变量 X_1，…，X_m 全部是定量的，那么在满足一些条件的情况下就可以用因子分析的方法处理数据矩阵。处理的第一个阶段就是要计算相关系数矩阵，这是所有因子分析方法的"起点"。

表 2 - 1   对象特征值的数据矩阵

对象序号	变量序号			
	1	2	⋯	m
1	X_{11}	X_{12}	⋯	$X_{1,m}$
2	X_{21}	X_{22}	⋯	$X_{2,m}$
⋮	⋮	⋮	⋮	⋮
n	$X_{n,1}$	$X_{n,2}$	⋯	$X_{n,m}$

因子分析的主要结果用因子荷载和因子权重（分量）来组合表示。

因子荷载是每个原始变量与每个因子的相关系数值。某一变量与所考虑因子的关系越密切，因子载荷的数值就越高。因子荷载的正号，表示该变量与因子正相关，负号则表示负相关。因子载荷表有 m 行（按变量数）和 k 列（按因子数）。

因子权重是一个提取因子对 n 个可用对象中的每一个对象的量化值（总影响、贡献）。对象的因子权重值越大，表明该因子对变量的影响和作用越大。对于因子分析的大部分方法来说，因子被定义为均值为0、方差为1的标准化指标（见方程2-2）。所以，正因子权重对应于特征表现程度大于平均值的对象，而负因子权重则对应于特征表现程度小于平均值的对象。因子权重表包含 n 行（按对象数）和 k 列（按因子数）。

因此，根据因子载荷数据，我们可以得到反映某个因子的一组原始变量，以及单个变量在每个因子结构中的相对权重。也就是说，计算因子权重数据，并按其大小排序，可以依次提炼出最有影响的公共因子。因子权重的值可以被认为是表征对象在所研究方面发展水平（相对重要程度）的指标值。

每一种因子分析法的基架，都是描述原始变量与综合因子相互关系的数学模型。下文将简要说明历史研究中应用最广泛的主要因子分析法。

矩心法。这种方法的假设是：每个原始变量 X_i（$i = \overline{1,m}$）都可以表示为少量公共因子 F_1，F_2，...，F_k 和特殊因子 U_i 的函数。在这种情况下，普遍认为每个公共因子对所有原始变量的分析都具有重要意义，即因子 F_j 对所有 X_1，X_2，...，X_m 都是公共因子。同时，特殊因子 U_i 的变化只影响对应变量 X_i 的值。因此，特殊因子 U_i 反映了变量 X_i 的特殊性，且这一性质不能借由公共因子来表示。

因子分析的主要假设条件，与原始变量和因子之间的线性关系假设有关。

$$X_1 = a_{11}F_1 + a_{12}F_2 + \ldots + a_{1k}F_k + d_1U_1$$
$$\vdots \qquad\qquad (2-3)$$
$$X_m = a_{m1}F_1 + a_{m2}F_2 + \ldots + a_{mk}F_k + d_mU_m$$

假设方程2-3中的公共因子 F_1，...，F_k 是服从正态分布的独立标准化指标；特殊因子 U_1，…，U_m 是不相关的标准化指标，且与公共因子之间相互独立；a_{ij}（$i=\overline{1,m}$；$j=\overline{1,k}$）是因子载荷，而 d_i 的值（$i=\overline{1,m}$ 的值）则用来估计特殊因子 U_i 对 X_i 的影响程度。同时，我们认为，原始变量是具有正态分布的标准化变量。相关文献描述了确定因子载荷 a_{ij} 的方法。①

因子分析的任务可以表述为：确定公共因子 F_1，…，F_k 的最小数量 k，对其计算后，原始相关矩阵"耗尽"，矩阵中的非对角元素将接近于零。换句话说，这意味着，经过对 k 个因子的计算，原始变量之间的剩余相关均应不显著。

主成分法。这里通过因子来表达原始变量的模型，要基于如下假设：因子与原始变量的个数一致（$k=m$），且特殊因子完全不存在。

$$
\begin{aligned}
X_1 &= a_{11}F_1 + \ldots + a_{1m}F_m \\
&\vdots \\
X_m &= a_{m1}F_1 + \ldots + a_{mm}F_m
\end{aligned}
\tag{2-4}
$$

式中，设 X_i（$i=\overline{1,m}$）和 F_i（$i=\overline{1,m}$）的值与方程 2-3 中的属性一致。

显然，方程 2-4 在此定义了一些参数转为另一些参数的变换体系。由于因子的个数等于原始参数的个数，所探究的变换问题有了明确的答案，也就是说，这种方法中的因子载荷是唯一确定的。

每个变量 F_i 被称为第 i 个主成分。主成分法在于构建主成分因子，每个主成分因子代表原始变量的线性组合。第一主成分 F_1 决定了原始变量空间中的方向，在这个方向上，对象（点）的总

---

① Харман Г. Указ. соч.

体具有最大离散性（方差）。然后构造第二主成分 F_2，使其方向与 F_1 的方向正交，并尽可能多地解释剩余方差，直至第 m 个主成分 F_m。由于主成分是按其解释的方差比例降序提取的，系数 a_{1i}（$i = \overline{1, m}$）较大的第一主成分所包含的变量对研究对象的变差影响最大。与矩心法一样，主成分（因子）的个数，通常要在原始变量的解释方差达到一定水平的基础上，借助因子来确定（如取 70% ~80%）。

极限参数分组法。这种方法也是基于对原始变量之间相关系数矩阵的处理。该方法的假设前提是：原始变量的总体可以划分为若干组，每组都能反映一个特定因素——原因的影响。由于同组内变量间的关系比不同组的变量间的关系更为密切，任务被简化为确定"强相关"的变量组，以便提取相关因素。

从形式上看，同时进行参数分组和提取本质因子的任务是，通过将参数划分为 $\{A_1, \ldots, A_k\}$ 集合，以及选择因子 $\{F_1, \ldots, F_k\}$，将两个标准中的一个最大化：

$$I_1 = \sum_{X_i \in A_1} r^2_{X_i F_1} + \ldots + \sum_{X_i \in A_k} r^2_{X_i F_k}$$
$$I_2 = \sum_{X_i \in A_1} |r_{X_i F_1}| + \ldots + \sum_{X_i \in A_k} |r_{X_i F_k}|$$

$$(2-5)$$

式中，$r_{X_i F_p}$ 是第 p 组变量 X_i 与其对应因子 F_p 之间的相关系数，其中 $p = 1, \ldots, k$。因此，在第一种情况下，每组变量与"自身"因子的相关系数的平方和最大，而在第二种情况下，这些系数的模数和最大。

此处需指出极限参数分组法与上文研究的因子分析法之间的联系：与函数 I_1 极大值有关的方法，是主成分法的自然发展，而与 I_2

极大值有关的方法，是矩心法发展的结果。① 因此，如果变量组固定，那么根据方程 2 - 5 就可以找出每组的第一主成分。

在说明这种方法的特点时需指出，因子 F_1, ..., F_k 对所有变量来说并不是公共的；每个因子都对应于"自己的"变量组。与上文讨论的方法相反，这里的因子一般来说不是独立的、正交的。极限参数分组的特殊性尤在于，在该方法的框架内，每个变量都被包含在一个形成因子中，这样一来，当使用其他因子分析方法时，变量可能同时属于几个因素，也可能不属于其中任何一个。

如果能根据表征这些因素的指标的内涵，对确定的因素进行充分解释的话，那么因子分析的结果就会是正确的。这一阶段的工作至关重要：它要求研究人员对参与分析的指标的内涵有一个清晰的认识，并以此为基础提取因子。因此要谨慎地对因子分析的指标进行初步筛选，应以其实质内涵为指导，不应一味追求纳入分析的指标个数。

下面将研究几个关涉因子分析法的特点的方法论问题。

（1）因子分析的方法多半不是严格意义上的统计方法，原因在于还没有研究出使样本结果扩展到总体的方法。一般认为，原始相关矩阵是已知的，因子的提取无须考虑相关矩阵固有的抽样误差。极大似然法（Lawley）和典型因子分析（Rao）例外，这两种方法已经有了检验提取因子显著性的检验原则。② 在其余（主要）因子分析方法的应用程序中，通常借助经验显著性阈值来解决因子载荷

---

① Браверман Э. М., Методы экстремальной группировки параметров и задача выделения существенных факторов – Автоматика и телемеханика, 1970, № 1.

② Иберла К. Указ. соч., с. 155 – 158.

的显著性问题（如 $a_{ij} \geqslant 0.3 \sim 0.4$）。根据具有较高（显著）因子负载的变量，可以揭示因子的实质内涵。

（2）还有一个因子分析问题，即所谓的因子旋转。任意一次因子的正交旋转，都会带来载荷 a_{ij} 重新分配的因子分解，这与其不唯一性有关。如果提取因子的含义不清，不便于进行实际背景的充分解释，就常常需要进行因子旋转。例如，在众多变量中，所考虑因子的因子载荷在数值上可能接近，且符号可能相同，所以很难明确断定哪个因素是提取变量组合背后的因素。因子旋转可通过增加一些变量的载荷，减少另一些变量的载荷，使因子载荷矩阵的"反差"更大，从而有助于更清晰地判定对某个因子起着决定作用的变量组。在这方面也应注意，一旦使用极限参数分组法，就没有必要进行旋转操作。因为该方法不受因子正交性的限制，因此在使用时，得到的因子就会最大限度地接近相关指标"束"。在极限参数分组法中，因子载荷的值往往很高，因为在这种方法中，同属于一个因子的变量的因子载荷，仅取决于该组变量间的相关系数。[1]

（3）此处不再赘析变量的共性和特性概念，[2] 而是将目光投向因子 F_p 对变量总方差的总贡献的估计。

$$V_p = a_{1p}^2 + a_{2p}^2 + \ldots a_{mp}^2 \; ; \; p = 1, \ldots, k$$

全部公共因子的总贡献等于：

$$V = V_1 + V_2 + \ldots + V_k$$

那么，由 k 个因子解释的总方差的百分比等于 $\delta = \dfrac{V}{m} \cdot 100\%$；

---

① Жуковская В. М. , Мучник И. Б. Указ. соч. , с. 83 – 84.
② Иберла К. Указ. соч. , с. 69.

δ 一般指因子分解的完整度指标，即确定的因子对原始变量方差的解释程度。例如，如果得到的 k 个因子解释了 m 个变量的总方差的 78%，那么未解释方差的占比为 22%。通常根据 δ 的值来选择因子 k 的数量（当然要考虑因子解释的可能性）。

本书不讨论定性变量的因子分析问题。近年来，定性变量的因子分解方法研究逐渐升温，这方面的首批著作也已出版问世（诸如对应分析、主成分法的类似方法①）。

现对因子分析做简要总结，指出它的基本使用方法：一是探索性分析，即针对复杂现象研究的第一阶段，采用探索式的、调查式的方法，以寻找因子结构的假设；二是验证性分析，即以实验为目的进行定向因子分析，以检验已经提出的理论假设。②

普遍观点认为，"在早期研究阶段，使用因子分析是成效最显著的……但要记住，因子分析同许多其他科学认识工具一样，首先是一种检验和选择假设的手段，而绝不是一根从原始事实堆中提取'隐含规律'的魔杖"。③

在描述定向因子实验的特点时应当注意，它适用于研究的更高阶段。这一阶段的任务之一，是确定所研究的复杂现象的维度，即找出足以完整描述所研究现象的重要因素的最小数量。这一阶段借助因子分析完成的另一项任务，是构建一个综合指标，其值由对象的因子权重决定。在这种情况下，变量的选择要反映已经形成的综

---

① Benzecri I. —P. L'analyse des donnes. T. 2：L'analyse des correspondences. Paris，1973；См. также：Балладур Ж. – П. Факторный анализ соответствий. Прило-жение к кн.：Окунь Я. Факторный анализ. М.，1974；Миркин Б. Г. Указ. соч.，с. 196 – 202.

② Жуковская В. М.，Мучник И. Б. Указ. соч.，с. 71.

③ Елисеева И. И.，Рукавишников В. О. Указ. соч.，с. 38，39.

合指标的概念（例如，给出一组说明企业技术装备水平特点的指标）。首先为该组变量建立一个单因子模型，然后可以根据因子权重的量度给对象排序。

因子分析被积极推广到类型学问题当中。

第三节 自动分类与模式识别

如前文所述，因子分析的方法旨在研究变量集的结构，揭示综合因子；而分析数据矩阵对象集的结构（见表 2-1）则要借助于多元分类的方法。

得益于多元统计分析方法和计算机技术的发展，我们能够全面考虑主要结构类型变量和既定变量体系中对象的分布特征，从而更加广泛、客观地进行对象分类。

目前，借助计算机衍生了许多构建多元对象分类的方法。而传统上，这些方法分为两种。第一种与"识别"任务有关，即对象识别，被称为模式识别法。识别的要点是将呈现给机器的任意对象以最小的错误率分配到预定义的一个类别中。首先向机器展示对象的"训练序列"（已知每个对象属于哪个类别或"模式"），在"训练"后，机器必须识别出研究总体中的新对象所属的类别。

还有一种更为普遍的分类方法。这种方法不仅包括将对象分配到一个类别中，还包括"模式"的创建，但事先对总体到底有几类无所知晓。在无训练序列的情况下，这种分类方法的核心是力图使某种意义上相似的对象汇聚到同一组中，使不在同一组（类）内的对象尽可能不相似。该方法被称为自动分类法（或聚类分析法、分类法、"无监督"模式识别法）。

目前为实现自动多元分类，已经开发出了成百上千种不同的算法。它们的依据是多元特征空间中关于对象分布特点的各种假设和数学程序。一些文献对这些方法进行了广泛的概述。[①]

由于缺乏每组内对象分布特点的先验信息，这就要求必须根据聚类分析方法来构建多元分类〔cluster（英语）——聚集，"束"，以共同属性为特征的对象组〕。[②] 下面将以聚类分析为例，探究构建多元分类的几个主要阶段。

聚类分析。假设全部 m 个变量均由同一量化尺度测得，那么 n 个对象中的每一个都可以用 m 维（或元）特征空间中的一个点来表示。这些点在所研究空间中的分布特点，决定了给定特征体系中的对象的相似性和差异性结构。

对象的相似性可以通过相应点之间的距离来判断。这样一来，相似性的实质意义可以理解为：对象在所研究方面越接近、越相似，同名指标值之间的差异就越小。

为确定多维空间中一对点的接近程度，通常使用欧氏距离，即取该对对象同名指标值之差的平方和的平方根。

$$d_{ij} = \sqrt{\sum_{l=1}^{m} (x_{il} - x_{jl})^2}, \qquad i,j = 1, \ldots, n \qquad (2-6)$$

① Айвазян С.А., Бежаева З.И., Староверов О.В., Классификация многомерных наблюдений. М., 1974；Дюран Б., Оделл П. Указ. соч.；Многомерный статистический анализ в социально - экономических исследованиях. М., 1974；Браверман Э. М., Мучник И. Б., Указ. соч.；Дорофеюк А. А., Алгоритмы автоматической классификации（обзор.）- Автоматика и телемеханика, 1971, №. 12.

② О методах кластерного анализа см., напр.：Дюран Б., Оделл П. Указ. соч.

式中，d_{ij} 是第 i 个和第 j 个对象之间的欧氏距离；x_{il} 是第 i 个对象的第 l 个指标值。

通过计算每对对象之间的距离，得到一个 $n \times n$（由对象的数量决定）的正方形矩阵 D；这个矩阵显然是对称的，即 $d_{ij} = d_{ji}$（i，$j = 1, \dots, n$）。

距离矩阵 D 是实施聚类分析法的基础，其中包括凝聚的层次聚类法（又叫谱系聚类法、系统聚类法），后者常用于社会经济研究对象的多元分类。这种方法的基本思想是将待分类对象依次合并，距离最近的两个对象先聚合成类，距离较远的两个对象后聚成合类。分类的过程一直进行下去，由一连串的步骤组成，每步都能将距离最近的两个类（簇）合成一类。

有多种方法可以确定对象的类间距离（有别于聚类分析的方法）。通常，两个簇的接近程度定义为所有成对对象之间距离的均方，其中一个对象属于一个簇，另一个属于另一个簇。

$$D_{pq} = \sum_{i \in R_p} \sum_{j \in R_q} d_{ij} / n_p n_q \qquad (2-7)$$

式中，D_{pq} 是 p、q 两簇之间的接近程度；R_p 是第 p 个簇；R_q 是第 q 个簇；n_p 是 p 簇中的对象个数；n_q 是 q 簇中的对象个数。

实施聚类分析的层次聚类方法的第一步，是研究对象之间距离的初始矩阵，并从中确定最小数 $d_{i_1 j_1}$；然后，将编号为 i_1 和 j_1 的最接近对象合并为一个簇，从矩阵中删除编号为 j_1 的行和列，从新簇（它获得编号 i_1）到其余所有簇（第一步——对象）的距离，按方程 $2-7$ 计算；在这种情况下，这些距离的平方等于从第 i_1 个和 j_1 个对象到其余每个对象的距离平方和的一半。将这些新计算出的距离值输入矩阵 D 的第 i_1 行和第 i_1 列。

第二步是根据有 $n-1$ 行和列的矩阵 D 确定最小数 $d_{i_2 j_2}$，形成一个编号为 i_2 的新簇。这个簇可以是对象两两合并的，也可以是一个对象与第一步建立的第 i_1 个簇合并而成的。然后，从矩阵 D 中删除编号为 j_2 的行和列，重新计算编号为 i_2 的行和列，以此类推。

因此，聚类分析的方法包括 $n-1$ 个类似的步骤。在这种情况下，执行第 k 步（$k \leqslant n-1$）后，簇的个数为 $n-k$（其中一些可以是单个对象）个，矩阵 D 的大小为 $(n-k) \times (n-k)$。在程序结束时的第 $(n-1)$ 步中，会得到一个合并了全部 n 个对象的大簇。

由该方法得到的分类结果，可以画成一张含有 n 个层次的谱系图（树状图），每个层次对应于所描述的依次扩大聚类过程的一个步骤。

在聚类分析中，确定所需的类（簇）的个数是至关重要的。在某些情况下，可以根据先验的想法来选择类的个数，但更多的时候，这个数量是在类的形成过程中由一些同质指标值和相互间的距离程度来确定（例如，组内方差或变异指标）。

分类的结果取决于所使用的指标值的尺度。从方程 2-7 中可以看出，指标值尺度的变化会导致对象之间距离的变化。举例说明，如果将某个以卢布表示的指标转换为戈比，那么该指标在计算接近程度 D_{pq} 时的相对"贡献"将增加 100 倍。为了消除原始数据的这种异质性，可通过减去平均值并除以标准差的方式，对指标进行标准化变换，变换后每个指标的标准差为 1，均值为 0（见方程 2-2）。标准化后，在研究对象的相似性方面，各项指标都是等同的。

每一步所执行的簇间平均距离的最小化操作，等效于一些定性分类标准的最小化，这些标准用来估计形成的簇的同质性程度。

对象的接近程度度量。需要指出的是，多元对象的相似程度不仅可以用欧氏距离（方程2-6）来表示，还可以用其他度量方法，其选择由特征空间的结构和分类的目的决定。例如，如果变量是定性的（对于确定性，设所有 m 个变量都是二值的，即取值为0或1），那么成对对象 (i, j) 的相似程度可以用不同的系数表示如下：

汉明距离

$$\hat{d}_{ij} = \sum_{k=1}^{m} |x_{ik} - x_{jk}| \qquad (2-8)$$

综合相似系数

$$S_{ij} = p_{ij}/(m + q_{ij}) \qquad (2-9)$$

式中，p_{ij} 和 q_{ij} 分别对应第 i 个和第 j 个对象具有相同和不同值的变量的数量；m 是特征的数量。

由方程2-8可知，根据汉明距离，距离 d_{ij} 等于变量的数量，两个对象的特征值不相符。d_{ij} 的值从0到 m 不等；它们越小，这些对象在给定特征体系中就越接近。

至于综合相似系数 S_{ij}，它的值越大，两个对象就越接近；S_{ij} 在 $0 \sim 1$ 的范围内变化。由方程2-9可知，如果两个对象的所有同名特征值均不相同，则 $S_{ij} = 0$；如果所有特征值都相同，则 $S_{ij} = 1$。

通过计算所有成对对象的系数 d_{ij} 或 S_{ij} 的值，我们会得到一个 $n \times n$ 的方形矩阵，类似于距离矩阵 D（也是对称的），继而可以用一些自动分类方法帮助分析。

若在充分分析后，所得结果能够表明这些抽离出的组（簇）的定性和定量特征的话，就可开展类型学研究，分析采用这些方法而构建的对象的多元分组。

在描述自动分类的方法时，从样本结果扩展到总体的可能性的角度出发，需要指出的是，关于对象组别的假设检验，其统计显著性的检验方法没有得到良好的发展。由此产生的多元分类被视作针对研究总体的典型分类法（按照数据分析的惯例）。

在研究多元类型学问题时，理当强调一下综合使用自动分类和因子分析方法的丰硕成果。有几种途径可以串联使用以上方法来处理相同的数据。将自动分类和因子分析的最有机方法结合在一种新的综合方法中，称为数据处理的语言方法。[①]

现在我们回到多元特征空间中的模式识别问题。许多文献研究了该问题的各种变体（潜在函数法、经验风险最小化法，等等）。[②]其中最为简单的是判别分析。[③] 与其他识别方法一样，这里也有一个训练样本，事先已知每个对象属于两类（"模式"）中的哪一类。在对训练样本的对象进行分析后，必须制定一条规则使每个新对象可以划分到两类中的一类。在线性判别分析的框架内，该规则可以构造如下。设：

$$F(x) = \alpha_0 + \alpha_1 X_1 + \alpha_2 X_2 + \ldots + \alpha_m X_m \qquad (2-10)$$

方程 2-10 是 m 个原始变量的线性函数，对方程而言，如果对象属于第一类，则 $F(X_1, \ldots, X_m) > 0$，否则 $F(X_1, \ldots, X_m) <$

---

① Браверман Э. М. ， Мучник И. Б. Указ. соч. ， гл. У.

② Айзерман М. А. ， Браверман Э. М. ， Розоноэр Л. И. Метод потанциальных функций в теории обучения машин. М. ， 1970; Вапник В. Н. ， Задача обучения распознаванию образов. М. ， 1971; Вапник В. Н. ， Червоненкис А. Я. Теория распознавания образов. М. ， 1974; Загоруйко Н. Г. ， Методы распознавания и их применение， М. ， 1972.

③ Андерсон Т. ， Введение в многомерный статистическим анализ. М. ， 1963.

0。判别分析的任务被简化为寻找分离（或判别）函数，以最优方式分离训练样本。这样就解决了决定变量分类价值的最优系数 α_1，α_2，…，α_m 的计算问题。

在几何学上，该问题被归结为判定多元特征空间中新轴的位置，使两类对象在新轴上的投影尽可能分散。

那么识别规则如下：对于 m 维特征空间中的任意对象，如果方程 2 - 10 取正值，则属于第一类，如果 $F(X_1, \ldots, X_m) < 0$，则属于第二类。因此，在识别下一个对象时，只需将变量 X_1，…，X_m 的值代入方程 2 - 10，就可以得到判别函数的符号。组数也可以超过两个（为叙述方便起见，我们研究两组）。这里我们不研究判别分析中变量的正态分布问题和分离函数参数的统计估计等常见问题。

第四节　多维标度法

多维标度（MDS）是数据分析的方向之一，它与其他多元统计分析方法的不同之处在于原始数据的类型，主要表现为成对对象之间的相似性（距离）矩阵（对象的"接近性""接近程度""相似性"可以用不同的方式定义）。① MDS 的目的是用点之间的距离来

① Каменский В.С., Методы и модели неметрического многомерного шкалирования，（Обзор.）- Автоматика и телемеханика，1977，№ 8；Сатаров Г.А., Каменский В.С., Общий подход к анализу экспертных оценок методами неметрического многомерного шкалирования. - В кн.：Статистические методы анализа экспертных оценок. М.，1977；Терехина А.Ю., Неметрическое многомерное шкалирование. М.，1977；она же. Метрическое многомерное шкалирование. М.，1977.

描述相似性矩阵，在低维空间中（例如，在两个平面上），以点系统的形式表示对象相似性的数据。简而言之，可以说 MDS 法"输入"的是相似性矩阵，而"输出"的是点的坐标分布。

研究多维标度的主要方法，需遵循社会学著作中对标度法的评估方式。①

MDS 的基本假设是，存在一些反映基础特征和本质特征的度量空间，这些特征是模糊的，是所获得的关于成对对象相似性的经验数据的基础。因此，对象可表示为空间中的点。还需假定，（原始矩阵中）较近的对象对应于基本特征空间中较短的距离。因此，多维标度是一类用于分析对象相似性的经验数据的方法的总称，它有助于确定被测对象的本质特征的空间维度，拟出点（对象）在空间中的拟合构图（构建点或对象的空间位置）。这个空间（"多维尺度"）在某种意义上类似于常用的尺度，被测对象本质特征的值对应于空间轴上的特定位置。

原始相似矩阵中的数据可以通过多种方式获得。一般而言，MDS 法以专家对对象相似性的评估为导向，成对对象呈现给被试者后，他必须根据内部相似度对其排序，有时相似性会用分数来评定。如果成对对象的相似性数据不是直接获得的，而是根据其他数据计算得出的（不同的耦合系数），那么应当注意，MDS 可能远不是分析原始数据结构的最佳方式。现实中，计算相似性所依据的原始数据往往较"二手"数据包含更多的信息。相似性矩阵必须满足特定的自然条件。②

---

① Типология и классификация в социологических исследованиях. М., 1982, гл. 5.

② Каменский В. С., Указ. соч.

MDS 法一般可分为非度量（NMDS）和度量（MMDS）两类。当利用定量尺度（至少是间隔尺度）获得相似性估计时，要使用度量的多维标度法。这类相似性估计很少出现在社会问题研究中。更普遍的是以定序尺度测定的相似性估计（当成对对象只能按照对象的相似度进行排序时）。在这种情况下，使用非度量方法，在具有两个或三个基本特征的空间中对相似性矩阵进行"坐标拓展"，从而使对象根据相似性矩阵做出的排位顺序与空间中的距离相吻合。

那么，MDS 法有哪些基本潜力？

（1）构建一个低维度量空间，以最佳方式保留反映成对对象亲疏关系的原始数据结构。将对象投射到新建空间的轴上，确定它们在轴上的位置，即实行标度过程。

（2）将原始数据结构可视化为二、三维基本空间中的拟合构造点（对象）。

（3）解释获得的新轴（基本特征）和拟合构造对象，是应用MDS 的最终结果，它提供了所研究结构的新知识（在所有阶段均正确使用该方法的情况下）。根据拟合构造对象的性质和原始数据的"外部"信息，我们可对轴线进行充分解释，从而揭示专家依靠相似度为成对对象定序的"深层"动机（一种情况），或者发掘决定对象间相似性和差异性结构的"隐匿"因素（另一种情况）。

对于 MDS 法以及其他数据分析方法来说，概率模型和统计估计机制的研究略显薄弱。

为了提高 MDS 法所获结果的可靠性，一项研究经常会使用不同的 MDS 法；不仅如此，这些方法还常与其他多元统计分析方法一并使用，比如聚类分析、因子分析、多元回归。

第五节　模糊集理论与多元分类

对五花八门的对象总体进行类型判断，除了使用多元分析外，所采用的现代方法还应考虑到对象的特殊性，即属于其中一类的研究对象（行政－领土单位、企业、农户等）可能同时具有其他类型的典型特征。因此，存在"中间"对象是很常见的，它体现了对象从一种类型到另一种类型的过渡。

社会体系结构的复杂性、异质性还表现在，属于一种类型的对象在不同程度上拥有类型本身所固有的属性。因此，在区分对象类型（类别）时，应该考虑类型核心及其周边对象的存在。类型的核心代表了一组对象，其特征"集中体现了使该类型在本质上区别于其他一切类型的全部典型属性"。[①] 因此，不仅要弄清对象隶属于哪种类型，还要找出它们从属于该类型的"权重"。同时，也要确定它们与其他类型对象的相似程度，即揭示类型之间的"模糊带"。

需要注意的是，列宁在著作中曾多次指出社会对象结构的复杂性及过渡类型的存在。在定义资本主义和非资本主义经济的特点时，在分析无产阶级的社会结构和许多其他现象及过程中，必须考虑到这一点。列宁指出："如果'纯粹的'无产阶级没有被介于无产者和半无产者（一半依靠出卖劳动力来获得生活资料的人）之间、半无产者和小农（以及小手艺人、小手工业者和所有的小业主）之间、小农和中农之间等等为数众多的形形色色的中间类型所包围，如果无产阶级本

---

① Елисеева И. И., Указ. соч., с. 10.

身没有分成比较成熟的和比较不成熟的阶层，没有乡土、职业、有时甚至宗教等等的区分，那么资本主义便不成其为资本主义了。"①

如前所述，大多数现有的揭示对象多维类型的方法，无外乎明确地将每个对象分配到一个或另一个类别（类型）中。多元分类法在各个科学领域开展的大量应用工作，已经证明了这种"近似"方法的有效性。借助这些方法被挑选出来的对象类型，一般有着合乎规律的丰富解释，继而有助于揭示每个类型的特殊性。然而，类的内部结构特征、类核的组成及其周围环境仍然"处于阴影之中"。关于"过渡"类型的对象确属于哪一类别的问题也十分复杂。

于是，一个新的数学方向——模糊集理论诞生了，它将上文提到的特殊性纳入考量范围，为解决类型学问题提供了一种匹配的工具。1965 年，美国教授扎德（Zadeh L. A.）首次在文章中提出这一概念。在各大出版物中，"fuzzy"一词翻译成俄语为"нечеткий""размытый""расплывчатый"，我们选取第一个"нечеткий"。②

正如模糊集理论的开创者所言，"它在 60 年代的发展，其大部分思想主要归功于与模式识别（分类）相关的问题。然而，从本质上讲，模糊集理论和模式识别之间的深层联系基于这样一个事实，即大多数现实世界中的类在本质上是模糊的，因为这些类从属于到不属于的转变是渐进式的，不是飞跃式的"。③

---

① Ленин В. И., Полн. собр. соч., т. 41, с. 58 – 59.

② Zadeh L. A., Fuzzy sets. – Information and Control, 1965, № 8. См, также: Заде Л. А. Основы нового подхода к анализу сложных систем и процессов принятия решений. – В кн.: Математика сегодня. М., 1974. нечеткий 中文译为"模糊的""不清楚的""含糊的"。——译者注

③ Заде Л. А., Размытые множества и их применение в распознавании образов и кластер - анализе. – В кн.: Классификация и кластер. М., 1980, с. 208.

　　苏联的学术文献对模糊集理论的基本概念和机理有着十分详细的描述。① 在此只介绍关于模糊集的部分内容。

　　模糊集是一类对象，其中，进入该类的对象与未进入该类的对象之间没有明显的边界。每个对象与模糊集的隶属关系记为从 0 到 1 区间内的取值。这个值称为隶属度；它越接近于 1，对象对该模糊集的隶属度就越大。如果该值等于 0，则该对象不属于该集合。模糊集核定义为一组对象，其中每个对象对该模糊集的隶属度均超过某个阈值（如 0.9）。

　　基于模糊性的概念，20 世纪 60 年代至 80 年代建立了一个完整的数学理论，究其实质可谓出现了"数学翻倍"。根据模糊集的概念，获得了多元自动分类的新算法。② 这些方法中使用的模糊类概念通常具有或然性的解释意义（即比模糊集理论早期著作中的含义更狭义）。也就是说，假设每个对象在所有模糊类中的隶属度之和等于 1。

　　在此，还需关注一个更普遍的解释——"模糊"数学可以被视为随机集理论的一部分。鉴于此，应区分模糊性和随机性这两个概念。从本质上讲，随机性与某个对象是否属于一个"明确"类别的不确定性有关。模糊性的概念是指，类中可能存在不同等级的隶属度，处于对象完全属于和不属于该类之间。

---

① Кроме работ Л. А.，Заде см. также：Гусев Л. А.，Смирнова И. М. Размытые множества. Теориями приложения.（Обзор）– Автоматика и телемеханика，1973，№ 5，с. 66 – 85.

② Заде Л. А.，Размытые множества и их применение в распознавании образов и кластер – анализе. – В кн.：Классификация и кластер. М.，1980；Елисеева И. И.，Рукавишников В. О. Группировка，корреляция，распознавание образов. М.，1977。

模糊集概念在各个学科（如语言学、社会学、科学学）中已经得到了应用。① 本书将这一概念运用到农业类型学研究中，以期提高对 19～20 世纪之交欧俄各省农业类型的解释能力。

---

① Пиотровский Текст Р. Г. , машина, человек. Л. , 1975；Типология и классификация в социологических исследованиях. М. , 1982；Бородкин Л. И. , Информационная структура исследований: вероятностный анализ коммуникационных сетей, – В кн. : Моделирование и оптимизация сложных систем управления. М. , 1981；Соловьев А. С. , Методы теории нечетких множеств и их применение в социологических исследованиях. – В сб. : Математические модели и методы в социологии. М. , 1978.

第三章
多元统计分析在历史研究中的
主要应用方向

迄今为止，历史学家运用多元统计分析的各种方法已经发表了数百篇论文。本书将总结这一领域积累的经验，对相关著作进行简要回顾（相较于外国历史学家的研究，本书对苏联学者的研究介绍得要更为详细），其目的是定义可运用多元统计分析方法的问题类型和历史研究领域，并借由此类研究的具体实例，揭示历史学家著作中正确运用多元统计分析的成效和条件。

在历史研究中，运用多元方法是很有必要的（涉及海量材料的加工整合和类型学问题的解决处理），最先认识到这一点的是考古学家。因此，本书的综述部分就从 MSA 法在考古学领域的应用着墨。

第一节　多元统计分析在考古学研究中的应用经验

数学方法在考古学中的首次尝试可以追溯到 20 世纪 20 年代。

当时, П. П. 叶菲缅科和 А. В. 阿尔齐霍夫斯基运用数理统计方法来解决类型学和年代问题。① 诚如 Б. А. 雷巴科夫院士所指出的那样, "……А. В. 阿尔齐霍夫斯基在其关于俄罗斯中部古墓群的研究中, 将严格的类型学方法与相关分析结合起来。这有助于他把所有器物大致划归至对应 7、8、9 世纪的 3 个时间阶段"。②

在《维亚季奇的古墓》(1930) 一书中, А. В. 阿尔齐霍夫斯基始终如一地贯彻了一个清晰的类型学原则, 该原则依据的是代表某一类型的固有特征。"考古学家赖以维系的基本单位," А. В. 阿尔齐霍夫斯基指出, "是类型。如果不能建构类型学的分类方案, 在区分类型时就不可避免地会出现主观性和不精确性, 造成术语的交叉或遗漏。而分类法可以使材料井然有序, 继而有助于开展基本工作——进行各个类型的比较。"③

考古学中的类型学分类法理应是多元的, 因为它的核心是所研究材料的特征组合。因而, 考古学家有必要求助于多元统计分析方法。目前, MSA 法在考古学中的应用主要与类型学问题的解决挂钩。这是自然合理的, 因为几乎每项考古研究都会用到分类法, 无论是从材料研究的便捷程度的基本考虑, 还是到构建反映对象的文化历史时空变化的一系列尝试, 其目的亦是林林总总。④

---

① Колчин Б. А., Маршак Б. И., Шер Я. А. Археология и математика, – В кн.: Статистико – комбинаторные методы в археологии. М., 1970.

② Рыбаков Б. А., Ремесло древней Руси. М., 1948, с. 28.

③ Арциховский А. В., Курганы вятичей. М., 1930.

④ Шер Я. А., Вступительная статья к книге Гардена Ж. – К. "Теоретическая археология". М., 1983, с. 16.

考古研究中涉及类型学方法论问题的成果颇多。① 从事该问题的研究人员有 И. С. 卡梅涅茨基、Л. С. 克莱因、Б. И. 马尔沙克、Г. А. 费多罗夫 - 达维多夫、Я. А. 谢尔等等。Ю. Л. 夏波夫也针对考古类型学采用跨学科分类法进行了研究。最普遍的观点认为，考古类型是一种统计学意义上"指标的固定组合"，尽管这远非唯一的定义。在这种情况下，我们的任务是描述多元统计分析在考古类型学构建中的可能性和局限性。

在考古研究中，从事类型学方法论研究的大多数学者一致认为，应当合理利用形式体系化手段和数学方法。正如 Ж. - К. 加登写道："考古学严格地讲不能被称为科学，除非每一位考古学家在编纂作为大多数类型结构基础的时空序列时都依靠准确且容易复制的（数学的或其他的）推理作为规则。"他进一步指出："毋庸置疑，一些数学分类法有助于阐明类型运算的特性，而运算本身则应该适应经验数据。"②

20 世纪 60 ~ 70 年代出现了一些使用多种数学统计方法来定量估计考古遗迹与文化的相似程度的研究成果。③ 如 1970 年出版的

---

① Федоров - Давыдов Г. А. , Археологическая типология и процесс типообразо вания. - В кн. : Математические методы в содиально - экономических и археологических исследованиях. М. , 1981; Шер Я. А. , Типологический метод и статистика. - В кн. Доклады и сообщения археологов СССР. М. , 1966; Клейн Л. С. , Понятие типа в современной археологии. Типы в культуре. Л. , 1979; Гарден Ж. - К. Теоретическая археология. М. , 1983.

② Гарден Ж. - К. Указ. соч. , с. 146, 148.

③ Маршак Б. И. , К разработке критериев сходства и различия керамических комплексов. - В кн. : Археология и естественные науки. М. , 1965; Ковалевская В. Б. , Погожев И. Б. Погожева А. И. Количественные методы оценки степени близости памятаников по процентному содержанию массового материала. - СА, 1970, № 3; Каменецкий И. С. , （转下页注）

论文集《考古学中的统计组合方法》。该论文集收录了考古学中类型学方法开发和应用的实际成果。随后其他成果也陆续发表，这些成果以解决考古学中的类型学问题为目的使用多元统计分析方法，其中，运用较多的是多元分类法（数字分类法）和因子分析的各种变体等，其主要是用来判断岩画的统计类型，构建中世纪串珠、古俄罗斯陶瓷、罗马双耳瓶、旧石器时代考古物品的类型，等等。① 运用多元统计分析所取得的上述考古学成就，远不能穷尽该领域内的所有研究，目前已出现一些概述性研究，其中部分研究详细分析了考古研究中使用多元统计分析的方法论问题和成果。②

（接上页注③）Маршак Б. И., Шер Я. А., Анализ археологических источников（возможности формализованного подхода）. М., 1975.

① Шер Я. А., Алгоритм распознавания стилистических типов в петроглифах. - В кн.: Математические методы в исторических и историко – культурных исследованиях. М., 1977; Федоров – Давыдов Г. А., Указ. соч.; Белецкий С. В., Лесман Ю. М., О стилистических особенностях орнаментики древнерусской круговой керамики（по материалам Пскова）. - В кн.: Естественные науки и археология в изучении древних производств. М., 1982; Vallet G.（ed）, Methodes Classique et Methodes Formelles Dans 1′ Etude Typologique des Amphores, Colection de l′ Ecole francaise de Rome, Vol. 32, Rome, 1972; Pollnac R., Ammerman A. J., Multivariate Analysis of Late Palaeolithic Assemblages in Italy, in The Explanation of Culture, Rome, 1973; Gardin J. C., " On a Possible Interpretation of Componential Analysis in Archaeology," in Formal Semantic Analysis, American Anthropologist, Vol. 67, No. 5, Part 5; Nange J. D., " Cluster Analysis and Cultural Stratigraphy," Archaeological Sites, 1977.

② Hodson F. E., " Clusteranlysis and Archaeology, Some New Developments and Applications," World Archaeology, 1970, No. 1; Doran J. E., Hodson F. R., "Mathematics and Computers in Archaeology," Edinburg, 1975; Christenson A. L., Read D. W., "Numerical Taxonomy, Factor Analysis and Archaeological （转下页注）

除了通过数学方法获得具体的新结论外，还有不少其他出版成果。这些成果使用了公式、图表以及计算机处理技术，其作者们认为，此举保障了研究的严谨性和准确性，尽管"实际上，所有列出的形式化属性有时只不过是为了装饰出版物，赋予它现代科学表象的'锦上添花'而已"。① 问题的关键是，同其他科学领域一样，考古学的研究效应首先取决于考古学家的方法论导向和专业素养。需要特别关注的是如何筛选所研究文物的特征，在这方面不能寄希望于计算机能力。言及外国考古学家运用自动分类法的一些研究成果时，Ж.－К. 加登指出："这时，特征的选择通常没有任何根据，一切发生得就好像形式上的优点消除了适用于该方法的描述性数据具有随机性的任何疑问那样。"一些通用"代码"的朴素应用正是如此，创建代码的目的只不过是在编制考古材料的数学分类时方便信息检索之用。② 比如，在对罗马的双耳罐、伊特鲁里亚人的一种叫作"布克罗"（Bukkero）的黑色光面陶瓷和中世纪的器皿进行自动分类的任务中，在信息检索系统中为陶瓷器皿形式系统化而开发的代码就没有得到充分的使用。③

Г. А. 费多罗夫－达维多夫在著作中研究了创建考古类型学分类法时的特征选择问题。他写道："有必要区分出更重要的特征和

（接上页注②）Classification," *American Antiquity*, 1977, Vol. 42; Квирквелия О. Р. , Краткий обзор советской литературы по вопросам применения статистико－математических методов исследования в археологии. － В кн. : Математические методы в социально － экономических и археологических исследованиях.

① Шер Я. А. , Вступительная статья к книге Шер Я. А. Вступительная статья к книге Ж. － К. Гардена "Теоретическая археология", с. 21.

② Гарден Ж. － К. , Указ. соч. , с. 142.

③ Gardin J. C. Code pour l'analyse des formes de poteries etabli en 1956, revise en 1974, Paris, 1976.

不太重要的特征，即揭示它们的层次结构。"① Г. А. 费多罗夫 – 达维多夫提议，应先对熵和其他信息理论概念进行考量后，再行评估特征的信息量。非常有趣的是，他认为低信息量特征可分为两类：第一类是绝大多数被研究对象属于同一特征值的特征；第二类是所有对象根据这些特征值大致均匀分布的特征。在第一种情况下，特征的熵接近于零，而在第二种情况下则达到最大值。

将中世纪珠宝的类型学问题作为义例，能够直观展现 Г. А. 费多罗夫 – 达维多夫分层法的优点。②

利用 MSA 法对考古材料进行二分法分类的另一种方法是构建多元回归方程。在方程中，根据对象的训练样本"调整"系数，其对象属于两种先验已知类型中的一种。在这种情况下，对于样本中的每个对象来说，被解释变量 Y（根据其类型）的取值为 +1 或 –1。

此方程式可用作判断新对象类型的决策性规则。将研究对象的特征值代入回归方程，计算出对应的 Y 值；类型由 Y 值决定（如果 Y 值接近 +1，则为一种类型，如果 Y 值接近 –1，则为另一种类型）。Д. В. 杰奥皮克和 О. Ю. 科鲁格在其著作中借助此方法，使用岩石学数据来确定考古遗址群的年代，取得了卓越成果。③

***

多元统计方法已经被牢牢纳入了考古类型学的方法论武库。但

---

① Федоров – Давыдов Г. А. ，Указ. соч. ，с. 267.

② Там же，с. 269 – 307.

③ Деопик Д. В. ，Круг О. Ю. ，Эволюция узкогорлых светлоглиняных амфор с профилированными ручками，– СА，1972，№ 3.

是在研究实践中，只有当 MSA 法切中待解决问题的实质，并且在充分发挥定性分析的主导作用，仔细甄选类型特征，认真遵守使用规则后，才能产生积极的效果。

第二节　多元统计分析在经济史研究中的应用经验

经济史研究是多元统计分析方法应用最广泛的历史科学领域。这主要是因为大量统计数据资料的存在，以及众所周知的、经济学中积极运用数学方法的传统，其中就包括 MSA 法。

在使用新方法的经济史专家中，处于领头羊地位的是农业史学家。

***

1. 农户的类型学

如上所述，农户分类是农业史领域最重要的任务之一。表征农户结构重要特征的组合使这项任务具有多元性。因此，农业史学家使用 MSA 法来解决农户的分类和类型学问题是自然合理的。下面将按照不同年代、不同地区，对几项与农业史有关的此类研究加以分析。

K. B. 赫沃斯托娃是最早将多元统计分析应用到经济史研究中的学者之一，她对 14 世纪上半叶拜占庭税册中记录的 1255 个农户进行了多元分组。① 农户分类在六维特征空间里实施，这些特征描

---

① Хвостова К. В., Некоторые вопросы применения количественных методов при изучении социально - экономических явлений средневековья（по данным византийских источников Ⅷ – ⅪⅤ вв.）. – В кн.：Математические методы в исторических исследованиях. М. , 1972.

述了家庭成员的数量、税率的高低以及农民的动产和不动产规模。通过使用一种分类算法 Forel－1,① 她将社会经济地位有显著差异的农户划分为 8 组（分类单元）。

K. B. 赫沃斯托娃指出，社会经济现象的分类问题在中世纪史学家的研究实践中占据显要地位，在其随后的研究中，她提供了一份包含 35 种特征的清单，可以说奠定了西方中世纪农业法体系类型学的基础。②

Л. В. 米洛夫、М. В. 布尔加科夫和 И. М. 加尔斯科娃在合著中借助 MSA 法，取得了有关 17 世纪上半叶俄国农业史的重要研究成果。③ 此项研究根据欧俄多县的征税登记簿数据，研究了封建经济类型学问题（1626～1628 年沃罗滕县的征税册展示了 MSA 法的潜力）。县内共有 67 块土地，每一块均由 16 个指标表示，这些指标描述了所有权结构（社会人口结构）和经济用地结构，以及税收额（"索哈赋税清册"和"索哈税额"）。

为了确定服役领地制和世袭领地制发展的综合因素，学者们采用了主成分法。在此之下得到了一些因素体系，分别对应不同构建方式下的相对指标（计算农民耕地的俄亩数、领主耕地的俄亩数、无地的孤身贫苦农民数和农户数）。比照不同类别指标计算出的全

① Загоруйко Н. Г. , Заславская Т. И. , Разпознавание образов в социальных исследованиях. Новосибирск, 1968.

② Хвостова К. В. , Количественный подход в средневековой социально － экономической истории. М. , 1980.

③ Милов Л. В. , Булгаков М. Б. , Гарскова И. М. , Системно － структурный подход к изучению аграрного резвития России 1 половины XVII в. и проблемы типологии феодального хозяйства (многомерный анализ писцовых книг） . － В кн. : Математические методы и ЭВМ в исторических исследованиях. М. , 1984.

部 15 个因素可以发现，封建所有制下的世袭领地类型与服役领地相比，其特征（就农耕效率而言）具有明显的优势。

使用主成分法分析世袭领地和服役领地的数据，可以清晰地表明，法律地位上不同的世袭领地和服役领地，是不同类型的封建土地所有制，具有不同的社会经济特征。

采用多元分类法对封建所有制开展的研究，也可以证实以上结论。聚类分析区分出了稳定的对象组，主要由相同类型的对象（或世袭领地，或服役领地）构成。该研究使用 MSA 法得到的研究成果，对于解决 17 世纪上半叶俄国封建经济的类型化问题具有根本性意义。

Ю. Ю. 卡赫克研究了 19 世纪初爱沙尼亚的农户类型。[①] 在劳役制盛行的爱沙尼亚农村，农户类型或等级主要取决于征收的劳役税额。即使属于同一等级，农户的某些指标也是不同的，譬如劳动力、耕力供应率和耕地规模等。

根据全部现有资料数据，对农户进行多元分类，要借助一种基于图论机制的分类法。[②] 对这些数据的处理结果显示，相似的农户会进入一个组，但它们因等级名称不同而彼此区别（19 世纪初的北爱沙尼亚，农户名义上被划分为 7 个等级——从 1/8 哈克到 1 哈克[③]）。多元分组表明，可将所有农户分为两组，即小组（约 1/4 哈克）和大组（1/2 哈克）。每个大组内部又可分为弱、中、强。"社会阶梯"作为类型学的构建结果，与农户等级体系不完全一致。

---

① Кахк Ю., К вопросу о типологии крестъянских хозяйств в Эстонии в начале XIX века. Таллин, 1975.

② Опыт применения математических методов в исторических исследованиях учеными – историками Эстонской ССР. Таллин, 1976.

③ 哈克：19 世纪末期前爱沙尼亚和拉脱维亚的田地课税单位，1 哈克为 8 ~ 12 公顷。——译者注

通过对多元回归模型的进一步应用可以发现，农户的等级是由其总体水平、社会经济地位决定的，而不是由该农户的某个特定指标决定的。等级指标和现有指标总体之间的联系不是十分密切（复相关系数的取值范围为 0.51~0.64）。

В. П. 普什科夫和 И. М. 普罗马辛娜专注于 20 世纪 20 年代乌克兰集体农庄前农户的类型学研究。[①] 研究中，他们采用因子分析法（利用矩心法），完成了社会经济分组，分析了集体农庄前农民阶级基本类型的内部结构。研究人员根据资料（农户的预算调查）从 1000 个农户的预算安排中找出的特征多达 45 个，包括人口结构、土地使用制、作物、牲畜、用具、劳动力和生产资料的雇佣—租赁关系、市场交易额和税收等。结果发现，有 4~6 个因子能很好地反映 40 个指标所包含的信息。普什科夫和普罗马辛娜采用的形式图表分类法，简单说来就是要揭示两个因素平面上的农户"紧群"。借助这种方法，可以划分出 4~5 组农户。组均值的比较分析表明，极端组具有定性异质性，这样一来就可以将其识别为贫农和富农两类。通过把处理贫农和富农过程中提取出的因子进行比较，可以清楚地揭露这些类型的经济生产矛盾和社会矛盾。

因子分析也常用来研究乌拉尔集体农庄前农户的社会经济分组，描述奔萨省农户的极端组（1913 年），分析立陶宛苏维埃社会

---

① Промахина И. М.，Пушков В. П.，Опыт применения факторного анализа для классификации，изучения структуры и моделирования социальных типов крестьянских хозяйств. - В кн.：Математические методы в социально экономических и археологических исследованиях；Пушков В. П.，Факторный анализ как метод классификации и изучения внутреннего строя крестьянских хозяйств（по материалам бюджетных обследований Украины за 20 - е годы XX в.）. Автореф. канд. дис. М.，1981.

主义共和国集体农庄的地区报告,① 等等。

2. 行政区划单位的类型学

研究一个大区域（或国家）的历史时，需要弄清作为该区域组成部分的行政区划单位的空间社会经济类型，这是研究的主要任务之一。И. Д. 科瓦利琴科和 Л. И. 鲍罗德金在其关于 19～20 世纪之交欧俄各省工农业类型的系列研究中专门讨论了此类历史类型学研究的方法论和分类法问题。②

---

① Обожда В. А., Пушков В. П., Опыт применения факторного анелиза в исторических исследованиях. - В кн.: Количественные методы в гуманитарных науках. М., 1981; Промахина И. М., О применении факторного анализа к некоторым исследованиям по аграрной истории России начала XX в. - Там же; Таршилова Т. Н., Промахина И. М., Опыт применения факторного анализа в изучении интенсификации колхозного производства Литовской ССР в годы девятой пятилетки. - Из истории социалистического и коммунистического строительства в СССР. М., 1978.

② Бородкин Л. И., Ковальченко И. Д., Промышленная типология губерний Европейской России на рубеже XIX – XX вв. (опыт многомерного анализа по данным промышленной переписи 1900 г.) - В кн.: Математические методы в социально – экономических и археологических исследованиях; они же. Аграрная типология губерний Европейской России на рубеже XIX – XX вв. (опыт многомерного количественного анализа). - История СССР, 1979, № 1; они же. Структура и уровень аграрного развития районов Европейской России на рубеже XIX – XX вв. (опыт многомерного анализа). История СССР, 1981, № 1; они же. Вероятностная многомерная классификация в исторических исследованиях (по данным об аграрной структуре губерний Европейской России на рубеже XIX – XX вв.). - В кн.: Математические методы и ЭВМ в исторических исследованиях. М., 1985; Kova 1chenko I. D., Borodkin L. I.; Problems of Multivariate Analysis: Agrarian Typology of European Russia at the End of the 19th Century and the Beginning of the 20th. in: Proceedings of Ⅷ International Economic History Congress, Budapest, 1982.

国外也有很多历史学家使用多元统计分析方法，开展大区域社会经济区划研究。西班牙历史学家 D. G. D. 阿罗约根据 19 个指标，采用主成分法和聚类分析法，对加利西亚的 47 个行政区划单位进行了分类，描述了 19 世纪末西班牙这一历史区域的农业发展特征。①

3. 评估影响结果绩效指标的因素价值

这是量化历史研究成果中最常见的任务之一。实际上，这项任务往往也是"传统"历史研究的主要任务。如果结果指标（因变量）和自变量可以量化表示的话，那么就可以使用多元回归来估计单个因素的影响及其对结果的总体影响。И. Д. 科瓦利琴科、Н. Б. 谢伦斯卡娅和Б. М. 利特瓦科夫借助这种方法，在合著中揭示了十月革命前夕资本主义时期地主经济资产阶级演进强度及其总体社会经济发展水平的决定因素。② 1917 年全俄农业普查为该分析奠定了数据基础。

从 1917 年普查资料所包含的特征总体可以看出，地主经济的社会经济发展性质在最大程度上反映了该经济类型对雇佣工人和改良工具及机器的保障程度。在 7 个主要解释变量中，对雇佣的普及起决定性作用的只有 3 个因素——役用牲畜、犁和改良工具的保障程度。在评估改良工具的使用程度对地主经济的影响方面，以上因素（提供雇佣劳动力以取代改良工具）也是最重要的因素。

回归分析还可以揭示雇佣劳动力在使用上的区域特点，从而披

①　D. Gutierrez Del Arroyo, Application of Multivariate Analysis Techniques to an Agrarian Regionalization of Galicia（Spain）in 19th Century, en Kahk, J.（org.）, *New Applications of Quantitative Methods in Economic and Social History*, Budapest：Akadémiai Kiadó, 1982, pp. 57 – 63.

②　Ковальченко И. Д., Селунская Н. Б., Литваков Б. М., Социально - экономический строй помещичьего хозяйства Европейской России в эпоху капитализма. М., 1982.

露地主经济中的资本主义发展水平。多元回归的结果证实了地主经济基本经济生产成分的平衡，继而表明了十月革命前夕地主经济发展的资产阶级性质及其相对较高的总体水平。

П. Г. 雷津斯基在专著《19 世纪下半叶资本主义俄国的农民和城市》中运用了多元回归。他在研究农民份地耕作的生产力因素时，将每位村民的平均农产品数量作为被解释变量（因变量）；将农村人口中以务农为主的人口所占比例、1 俄亩份地的农产品数量及份地的规模作为解释变量（自变量）。以上所有指标均以县为单位。该研究分别给出了俄国各个主要地区的因素比例。П. Г. 雷津斯基在总结整个欧俄地区上述相互关系的基础上，列出多元回归方程，并得出一个结论："农民和牲畜饲养人的比例"这一指标在厘定结果指标的影响程度方面明显占据主导地位。① 该结论表明，农民脱离农业劳作的程度极大地影响了农民份地的耕作效率。

多元回归方程也被应用于中世纪拜占庭农业史的研究中。比如，К. В. 赫沃斯托娃借助回归方程来建模，目的是定义应税对象的税率以及各种征税因素的所占比例。②

俄国经济发展史的很多研究都关注因子分析，这些因子常是影响被解释变量变化的因子。比如，Б. Н. 米罗诺夫在研究中解决了1801～1914 年俄国粮食价格变动及其影响因素之间的联系问题。③

---

① Рындзюнский П. Г. ， Крестьяне и город в капиталистической России второй половины XIX века. М. ， 1983.

② Хвостова К. В. ， Особенности аграрно – правовых отношений в поздней Византии. М. ， 1968.

③ Миронов Б. Н. ， Факторы динамики хлебных цен в Европейской России в 1801 – 1914 гг. и количественная оценка их влияния. – В кн. : Математические методы в исследованиях по социально – экономической истории. М. ， 1975.

Т. Ф. 伊兹梅斯特耶娃的论文探讨了 1890～1914 年俄国煤炭价格变动的决定性因素。①

多元回归模型在国外的国别经济史著作中也得到了广泛的应用。②

4. 变化过程的分期

MSA 法也用于分析其他问题，比如针对上迄中世纪，下至今日③的各国经济发展变化进程，将这些以成组指标为特征的进程进行分期就属于该问题的范畴。

民主德国史学家 Т. 库钦斯基的研究非常有趣，他把 1850～1975 年从世界资本主义体系的发展时期中单独抽离出来。④ 其划分依据是 7 个指标数据：农业产值、工业产值、总产值、出口量、农业产值占总产量的比重、工业产值占总产量的比重、出口占总产值的比重。

Т. 库钦斯基使用聚类分析法，对资本主义国家的经济发展时期进行了研究。指定时间间隔内的每一年，均可用七维指数空间中的一个对象来表示，根据上述 7 个指标，这些指数能够决定经济增长率。在这种情况下，聚类分析的目的是确定同质的时间间隔。库

---

① Изместьева Т. Ф. , Участие России в международной торговле каменным углем. – В кн.: Математические методы в социально – экономических и археологических исследованиях.

② 请参见 Количественные методы в советской и американской историографии。

③ 本书成书于 1986 年。——译者注

④ Kuczinski Th. , " Have There Been Differences Between the Growth Rates in Different Periods of the Capitalist World Economy Since 1850? An Application of Cluster Analysis in Time Series Analysis," in Clubb J. M. and Scheuch E. K. (eds.), *Historical Social Research*: *The Use of Historical and Process-Produced Data*, Stuttgart, 1980, pp. 300 – 318.

钦斯基找到了几种方案为该段时间分期，既可以根据全部 7 个特征，也可以按每个指标单独进行分期。例如，对于出口指标来说，统计可靠性最高的方案是将其划分为 3 个时期：1850～1866 年，1867～1949 年，1950～1975 年。中间时段又可分为 3 个较短的区间：1867～1893 年，1894～1913 年，1914～1949 年。该成果给出了每个选定时期的统计特征。

Ю. 卡赫克和 M. 雷梅尔在研究中提出了判别趋势和发展阶段的另一种方法，即借助模式识别的方法，使用农业生产动态数据进行分析。两位学者的动态序列分析，旨在找出循环重复并以特定序列组合、表征长期发展周期的时段（间隔）。所分析的动态序列包含多个时段，分属几种动态类型。因此，一类时段可能对应于"增长"的动态，另一类时段可能对应于"下降"的趋势，还有一类时段则可能在时段中部出现一个或多个"峰值"，等等。

两位学者提出的分割程序，基于分割相似系数的计算，也可以被认为是模式识别语言法的一种实现方式。① 这部著作呈现了一系列动态序列的分期成果，反映了 16～19 世纪西班牙、法国、意大利以及 19 世纪爱沙尼亚各个地区的粮食生产情况。通过这些结果的比较，作者指出了动态序列分期的共同特点（尤其是所分出的时段几乎都有 8～14 年）。自 18 世纪下半叶以来，在所分析过程的动态变化中观察到的异常现象越来越多。

然而，使用 MSA 的分期方法，自然不能保证一定能够划分出真正体现所研究过程发展阶段特征的时期。因此，美国学者杰拉尔

---

① Кахк Ю., Реммель М., Опыт изучения циклов аграрного развития методами распознавания образов. – В кн.: Количественные методы в советской и американской историографии.

德·哈格（Jerald Hage）、爱德华·加根（Edward T. Gargan）、罗伯特·汉尼曼（Robert Hanneman）尝试通过多元回归，对 1875 ～ 1965 年英国、法国等国家的社会经济发展过程进行分期。[①] 在他们的回归模型中，教育、医疗和社会保险的公共支出份额是被解释变量，人均国民收入和指数 R（"右翼"势力的活跃程度）和 L（"左翼"势力的活跃程度）是解释变量。R 指数是根据支持保守派和中间派政党的选民比例、从事农业经济的人口比例以及企业平均规模的数据得出的。而 L 指数来自工会成员比例和"左翼"政党的选民比例数据。基于欧洲 4 国数据得出的回归模型，解释了被解释变量方差的 75% ～ 96%。此项研究中提出的分期思想可简化为：当按所建方程计算出的回归线或高于或低于被解释变量的动态曲线图时，就可以确定出时间段。选定的间隔被视为所研究过程变化率的加速期或减速期。

此种形式上的方法遭到了反对。有批评指出，研究使用的因素组不具备相应的代表性，缺乏军事支出份额、失业率等重要指标。从方法论的角度来看，需要指出的是，理论回归线的选择亦是不合理的。况且，要想划分出一个过程曲线陡然"上升"，而后陡然下降，但仍保持在回归线之上的时期是十分困难的。然而，在此之下，有学者仍旧划分出了许多这样的时间段。因此，理应认为，他们提出的分期方法是站不住脚的。

与此同时，研究中使用的多元回归模型显示，对于上述分析的 4 个

---

① Hage J., Gargan E. T., Hanneman R., "Procedures for Periodizing History: Determining Eras in the Histories of Britain, France, Germany and Italy," in J. M. Clubb, & E. K. Scheuch (eds.), *Historical Social Research: The Use of Historical and Process-Produced Data*, Stuttgart, 1980, pp. 267 – 283.

欧洲国家，教育、医疗和社会保险的公共支出份额随着"左翼"势力活动次数的增加而增加，随着"右翼"势力活动次数的增加而减少。

＊＊＊

MSA 法在经济史中的应用，并不局限于所研究问题的类型。例如，这些方法还被用来弥补和推断资料中缺失的数据。①

关于美国"新经济史"研究的特点，我们不予赘述〔研究该方向的杰出代表是罗伯特·福格尔（Robert Fogel）〕。A. K. 索科洛夫在其评论分析文章中，详细介绍了美国历史学家们在此方向上的研究成果。② 我们仅指出，美国"新经济史"代表们的研究具有矛盾性，这再次证实了"作为数学方法在历史研究中应用的基础，历史认识的一般理论和方法论的性质，是成功运用这些方法的最重要的……因素"。③

第三节　多元统计分析在社会史和政治史研究中的应用经验

使用 MSA 法来解决社会史和政治史问题的主要是美国历史学

---

① Gadisseur J., La production agricole en Belgique de 1845 à 1913: Sources et problè mes dèstimation, Katholieke Universiteit, Centrum voor Economische Studiën, 1979.

② Соколов А. К., О применении новых методов в исследованиях историков США. – В кн.: Математические методы в социально – экономических и археологических исследованиях.

③ Ковальченко И. Д., Тишков В. А., Указ. соч.

家。苏联历史学家也发表了几篇综述性文章，分析美国"量化历史"的研究状况，为我们的研究提供了便利。①

1. 政治史研究

在此方向上使用 MSA 法最多的研究成果应属美国"新政治史"领域。美国历史学家特别注重研究群众的选举行为，② 分析国会、立法会的立法实践，以及政党活动。③ 这类研究的方法论机理通常始于 MSA 法，诸如多元回归、多维标度、聚类分析、因子分析。

回归分析被广泛用来确定选举行为的影响因素，④ 以及用来研究长时段的国会活动。⑤ 在后一种情况下，回归分析说明了国会议员的立场变化受政治形势影响的趋势。

利用聚类分析对国会投票过程开展研究，可以确定以类似方式

① Попова Е. И. , Станкевич С. Б. , Математические методы в американской историографии политической борьбы в конгрессе США. – Американский ежегодник 1981. М. , 1981; Селунская Н. Б. , "Количественная история" в США: итоги, проблемы, дискуссии. – В кн. : Математические методы в историко – экономических и историко – культурных исследованиях. М. , 1977; Соколов А. К. Указ. соч.

②请参见 Хаммарберг М. , Анализ исторических данных о выборах в США. В кн. : Количественные методы в советской и американской историографии; Bogue A. G. , Clubb J. M. , Flanigan W. H. , "The New Political History," *American Behavioral Science* , 1977, No. 21。

③请参见 Силби Дж. Г, "Делегаты из народа": Количественные исследования истории поведения американских законодателей. – В кн. : Количественные методы в советской и американской историографии; Bogue A. G. , Clubb J. M. F lanigan W. H. Op. cit. ; Alexander T. B. , "Sectional Stress and Party Strength," *Nashville* , 1967。

④ Hammarberg M. , *The Indiana Voter: The Historical Dynamics of Party Allegiance During the 1870's* , Chicago, 1977.

⑤ Clausen A. , "Measurement of Identity in the Longitudinal Analysis of Legislative Voting," *American Political Science Review* , 1966, No. 4.

投票的相对稳定的立法者群体；对立法提案本身的聚类合并表明，投票结构十分类似的法案会被归为一组。[1]

国会投票研究的另一个方面，则触及古特曼标度法的使用。这种 MSA 法可以对国会议员的立场和投票中的立法提案进行整理排序。[2]

言及美国政治史研究中的因子分析，其使用潜力非常有限，原因在于，现有的资料几乎不包含因子分析方法所要处理的量化数据。

Е. И. 波波娃和 С. Б. 斯坦科维奇在研究中对美国"新政治史"历史学家代表们的重要研究成果进行了概述。苏联历史学家们指出，美国对国会政治斗争的量化研究，并没有就美国生活的诸多基本问题（例如，关于美国社会中的经济、社会和政治权力分配的性质）做出回答，但数学方法和计算机的应用，使驾驭庞大的实际材料成为可能。[3] 新方法促进了新观点的出现和新问题的形成（关于选民的特征、意识形态因素的作用，等等）。

使用 MSA 法研究美国国会政治斗争的还有苏联历史学家。譬如，Г. А. 萨塔罗夫和 С. Б. 斯坦科维奇使用非度量多维标度法和聚类分析，研究了 1971 ~ 1974 年所有参议员对外交政策问题的记名投票数据（588 份法案和 100 名参议员）。[4] 除这些数据外，苏联研

① Willets P. , "Cluster-Block Analysis and Statistical Inference," *American Political Science Review*, 1972, No. 2; Clausen A. , *How Congressmen Decide：A Policy Focus*, New York, 1973; Schneider J. E. , *Ideological Coalitions in Congress*, Westport (Conn.), 1979.

② Weinberg H. F. , "Scaling Models for Legislative Roll – Call Analysis," *American Political Science Review*, 1972, No. 4.

③ Попова Е. И. , Стайкевич С. Б. Указ. соч.

④ Сатаров Г. А. , Станкевич С. Б. Голосования в конгрессе США：опыт многомерного анализа. – Социологические исследования, 1983, 1.

究人员还援引了参议员们的补充特征（党派、在参议院的任期、对公共组织的评价等）。法律草案共分为 14 个专题组（"提高和限制武装力量和军备""援助外国"等）。所有的初始数据可组成 9 个二分变量（是—否）的矩阵。前 4 个矩阵分别单独对应每年的日期（以揭示力量分布的稳定性和动态性），其余矩阵则对应 1972 年投票的 5 个主题组。

研究的第一阶段，我们借助聚类分析法来处理这些矩阵，从而以分组和分块系统的形式，获得力量分布的总体图景。第二阶段使用一种非度量多维标度法对数据进行分析处理。怀抱着此种目的，首先确定每对参议员的"距离"。如果两位参议员的投票结果完全一致，则距离等于零；如果投票结果相反，则等于一。

使用非度量多维标度法的结果是发现了一个包含两个因素的空间，在这之中，参议员之间的"距离"与初始多元投票空间中距离的排序相同。这些因素可以解释为："保守主义—自由主义"和"全球主义—孤立主义"。

该著作研究了 1971~1974 年参议院政治方针的动态变化。在非度量多维标度法的帮助下，分析了参议员个人和团体的思想和政治倾向性，有助于阐明力量分布与立法者政治意识之间的关系，确定其稳定的思想政治成分，使后者以图解形式"可视化"并在一定程度上可衡量。

***

在西方历史学家的研究成果以及国际关系史和国际政治史研究中，MSA 法应用广泛。它与现代政治学密切相关，也被积极地用作政治学"工具"。

C. B. 梅利霍夫的专著主要使用因素分析，就该方向进行了批判性分析。①

2. 社会史研究

MSA 法在社会史研究中的应用，主要体现在工业化及其社会后果、社会流动过程、民族和种族关系、社会运动和冲突等研究上。对于发达国家的历史来说，城市化进程研究尤其具有现实意义。在美国，从事"新城市史"研究的历史学家们正朝这一方向发展，他们积极使用各种新方法，其中就包括 MSA 法。他们还主持开展了许多关于城市化问题的研究项目，其中最大的一项是"费城社会史项目"。② 该项目的资料来源于 19 世纪下半叶城市史的海量机器可读数据档案。该项目的薄弱之处恐怕要归咎于经验主义理论和方法论基础的折中性质。"新城市史"的代表们否定阶级方法对社会进程的分析，支持用职业变动研究来取代社会结构分析。这种"微观分析"影响了具体研究的质量。

比如，T. 赫什伯格在分析费城城市内部流动性的研究中，将年龄、职业、财产数据、出生地作为解释变量，提出了多元回归

---

① Мелихов С. В., Количественные методы в американской политологии. М., 1979.

② Бородкин Л. И., Селунская Н. Б., Методы изучения социальной истории в американской историографии（по поводу "Проекта социальной истории Филадельфии"）. - История СССР, 1978, № 2; Hershberg T., "Interdisciplinary Research at the Philadelphia Social History Project: Analytic Goals, Data and Data Manipulation Strategies for the Study of the Nineteenth-century Industrial City," in J. M. Clubb, & E. K. Scheuch（eds.）, *Historical Social Research: The Use of Historical and Process - Produced Data*, Stuttgart, 1980, pp. 84 – 111.

模型。[1] 该模型只解释了被解释变量可观察变差的 10%，也就是说，并未考虑到对解释该过程至关重要的表征居民社会经济和阶级结构的变量。

构成费城项目分析侧的资产阶级方法论原则，也影响了档案数据的处理方法，也就是说，美国学者对费城各个地域单元的居民信息有着独特的分组方法。[2] 美国历史学家的划分方式，并不是按照彼时费城的行政区划进行的，而是依据以下构想：城市结构应分割为一个个封闭的、独立的社区，其生活方式及传统决定了该社区内每位成员的"社会结构"和流动性。

在"新社会史"的框架内，与阶级斗争、劳资关系和社会冲突分析有关的成果，积极使用了 MSA 法，已经在美国出版。[3] 与其他方法相比，多元回归更常用于此类研究。例如，K. 戈尔金使用该方法，针对 1890 年至 1980 年的 90 年时间，得出了决定不同代际美国妇女就业率高低的有益成果，诸如家庭收入水平、种族归属、女性劳动力的报酬、妇女教育和生育率等社会和民族人口因素。[4] K. 戈尔金的回归模型对美国妇女就业率变差的解释已逾 98%（但是关于解释变量和被解释变量间进行对数变换的必要性，作者并未

---

① Hershberg T., "Interdisciplinary Research at the Philadelphia Social History Project: Analytic Goals, Data and Data Manipulation Strategies for the Study of the Nineteenth-century Industrial City," in J. M. Clubb, & E. K. Scheuch (eds.), *Historical Social Research: The Use of Historical and Process-Produced Data*, Stuttgart, 1980, p. 98.

② Historical Methods Newsletter, 1972, Vol. 9, No. 2, 3.

③ Соколов А. К., Указ. соч., с. 400 – 401.

④ Голдин К., Количественный подход к пониманию долговременных изменений роли замужних женщин в экономике США. – В кн.: Количественные методы в советской и американской историографии.

做出解释）。这些模型表明，教育是决定白人已婚妇女就业趋势的最重要因素。但如果将社会地位和职业因素引入女性劳动力的分析，该因素还能否成为决定性因素呢？这是一个悬而未决的问题。

国外历史学家在研究劳工运动和社会冲突的许多著作中，也使用了多元回归模型。[①] 在此方向（不仅仅是该方向）上，回归模型的某些形式参数被赋予了决定性的意义，对后续结论的本质起着决定性作用。

美国研究者 L. 海姆森和 R. 莱鲁沙通过多元回归，研究了1912～1914 年俄国工厂工人罢工的统计材料。[②] 这项研究揭示了俄国罢工运动的强度与集中度之间的依赖关系，披露了俄国主要工业部门工人的生活和生产条件。

回归模型将城市集中度作为解释变量，包括集中在城市中的工人比例、平均工资水平，以及雇用 500 名以上工人的大型企业的劳动力集中度。研究人员列出了一份因素清单，在这个为研究罢工斗争强度而建立的多元回归方程中，清单中的因素（根据 t 检验）在统计上是不显著的。该研究"没有考虑"以下因素：各行业工人人数的年度变化、行业集中度（即在某一行业就业的工人占全国工人总数的比重）、未成年工人的比例，等等。

我们认为，上文获得的显著性统计估计，作为回归模型的稳定

① Shorter E. , Tilly C. , *Strikes in France 1830 – 1968*, Cambridge, 1974; Montgomery D. , *Workers' Control in America: Studies in History of Work, Technology and Labor Struggle*, Cambridqe（Mass）, 1979.

② Хаймсон Л. , Петруша Р. , Опыт математико – статистического исследования данных "Сводов отчетов фабричных инспекторов" о стачках рабочих в России в 1912 – 1914 гг. – В кн.: Математические методы и ЭВМ в исторических исследованиях.

性特征，具有一定的意义。然而，仅根据这些统计估计，就将罢工斗争强度的影响因素划分为"显著"和"不显著"（舍去"不显著"），实际上是不合理的。如果仅靠评估各种因素对罢工斗争强度的影响，而不对罢工斗争发生的复杂现实条件进行具体的历史研究，就无法解决偶然性和规律性的关系问题。

3. 回归模型也广泛应用于人口史研究

西方历史学家在方法与方法论层面往往不能满足该模型的正确条件。比如，美国历史学家 D. 史密斯曾对 1900 年以前美国婴儿死亡率的影响因素进行了多元因子分析。[①] 他把表示女性、母性的民族和种族属性、地理区域属性以及居民社会群体属性的 22 个特征作为因子。D. 史密斯构建的多元回归模型对儿童死亡率变化的解释却不超过 16%。我们认为，这是错误的研究方法造成的。

D. 史密斯构建的多元回归模型忽略了家庭收入水平、受教育程度、职业和妇女社会地位及其他特征等重要因素。只有一个解释变量（儿童人口数量）是定量的，其余 21 个变量都是二分变量；这样的特征选择不可能不影响解释变量和被解释变量之间的相关系数值（r 的最大值为 0.23）。

然而，D. 史密斯却秉持不同观点。他写道："我论证的目的，并不是要说明社会进程中缺乏紧密联系。这是显而易见的，所以没有多大意义。"[②] 而且，运用同一论文集中发表的研究成就，就可以轻松驳斥 D. 史密斯的这一论战性主张。

---

① Смит Д. С., Смертность в Соединенных Штатах Америки до 1900 г. - В кн.: Количественные методы в советской и американской историографии.

② Смит Д. С., Указ. соч., с. 419.

除多元回归外，人口史研究也采用 MSA 的其他方法。譬如，P. 布尔德利和 M. 德莫内在研究中使用因子匹配分析，考察了 1851～1911 年法国 81 省的人口老龄化数据。①

MSA 法不只适用于上述列出的社会史领域。例如，多元回归和聚类分析还被用来研究美国的教育史问题，② 因子分析还被用来研究 1918 年芬兰革命的社会层面，③ 等等。

***

MSA 法为历史学家提供了解决认识历史过程的类型学问题以及其他复杂问题的有效手段。然而，在使用这些方法时，不能因数学分析的严谨性而产生错觉，想当然地相信其全面性和绝对效力。此处起决定性作用的因素是方法论，以及所使用的数学工具是否适用于解决重点问题等。

---

① Bourdelais P. , Demonet M. , Les courbes d'évolution du vieillissement de la population française（1851 – 1911）, Actes du Huitième Congrès International d'Histoire économique, Vol. 2, Budapest, 1982, pp. 73 – 80.

② Виновскис М. А., Квантификация и история образования: изучение роста образовательного уровня, посещаемости школ и школьная реформа накануне гражданской войны в США. – В кн.: Количественные методы в советской и американской историографии.

③ Rasila V. , "The Use of Multivariate Analysis in Historical Studies," *Economy and History*, Vol. XIII, 1970.

第二部分
19～20 世纪之交欧俄各省农业发展类型学中多元统计分析方法的应用经验

本部分旨在介绍 **И. Д.** 科瓦利琴科和 **Л. И.** 鲍罗德金二人的合作成果。此项研究的目的是利用多元统计分析方法，确定 19 ~ 20 世纪之交欧俄各省的农业类型，判断欧俄各地区的农业发展结构及其水平。合作研究的主要结果以论文形式发表。①

———————————

① Ковальненко И. Д. , Бородкин Л. И. , Аграрная типология губерний Европейской России на рубеже XIX – XX веков. (Опыт многомерного количественного анализа) . – История СССР, 1979, No. 1; они же. Структура и уровень развития районов Европейской России на рубеже XIX – XX вв. (Опыт мно гомерного анализа） . – История СССР, 1981, № 1.

第四章

19~20世纪之交欧俄各省的农业类型学

区域划分是一种使用广泛的类型化方法，即根据自然条件、历史和经济发展等方面的某些相似性，将领土毗连的行政单位划分成类。

19世纪下半叶以来，俄国在统计数据汇总和国家社会经济发展研究方面，开始重点关注区域划分问题，并以省为初级单位，在俄国境内，主要在其欧洲部分，划分出了由几个省组成的地区。省和州级别的区域划分，成为统计实践与学术研究公认的基础，这之中就包括历史研究。

19世纪末20世纪初，得益于统计学家、经济学家和历史学家的长期努力，欧俄及其他地区的主要经济地理区域初见雏形。只有少数几个省在分区上有些分歧，个别研究人员将其划归到了不同地区。①

然而，出于历史类型学研究的目的，人们所理解和采取的区划形式，一般来说是一种有限的空间类型化方法。这种区划的主要不足之处在于，该地区必定是由领土相邻的行政单位合并而成的。因

---

① 请参见 Нифонтов А. С., Зерновое производство России во второй половине XIX века. М., 1974, предисловие.

· 69 ·

此，只有将真正相似的单位（县、省等）联合为统一的地区，区域划分才能够真正解决类型化问题。与此同时，很明显，领土毗连性并不总是与内部统一性相契合。

区域划分的另一个痼疾是所使用的主要的具体科学方法。这些方法通常是基于经验主义的直观认识。另外还有一个问题：各行政单位在哪些方面有着具体的相似之处呢？这是要靠积年累月的研究实践的，而这些单位的合并、继而统一为地区的过程，却没有严格的依据。

类型学的构建之所以困难重重，是因为对于特征和属性迥异的任意对象来说，很难在客观上确定它们的相似程度。所以，我们必须全面考虑对象的一切基本特征，进行多变量分析，才有可能就其相似性或差异性得出有力结论。由于多元统计分析方法始于现代科学，而后才有了相当广泛的发展，因此，研究人员（不仅是历史学家）在面对社会经济进程的类型化问题时，由于缺乏相应的解决手段，不是囿于不完备的概括总结，需要不断积累经验观察（比如，在解决区划问题时），就是受制于简单方法，不得不用一元分析替代多元分析（比如，最常见的是对复杂对象的分组），等等。

随着地域社会经济类型学研究的不断深入，尤其是资本主义时期相应问题的扩展，该问题在不同时期的历史发展情况得以显现。①

---

① M. A. 巴尔格与 E. Б. 切尔尼亚克对历史研究中区域类型学的现实问题进行了研究，二人指出："区域问题作为空间定位、形式变体（固定方案的'载体'），是马克思主义历史类型学的关键问题之一。"在将类型学单位划归一个地区时，他们建议着重考虑以下因素：①经济体系中主导方式的结构和比重的相对同质性是界定区域的重要条件，更准确地说，已知的数量差异可以作为将区域划分为次区域的依据之一；②区域（领土）共同体，按其特点，与其说是民族共同体，不如说是经济关系共同体。一个地区既可以被"构建"为疆域上相毗连的领土，也可以由相距或远或近的"部分"组成。

М. А. 巴尔格与 Е. Б. 切尔尼亚克在描述区域类型学的辩证法时指出，不可能在区域系统之外研究区域。在不同阶段，不仅区域数量会发生变化——最重要的是，其领土边界也是移动变化的。①

列宁在《俄国资本主义的发展》中，首次研究了资本主义时期欧俄农业结构的类型区划。列宁论证了类型学区划的理论与方法论原则，并根据当时的农业发展数据划分出了主要地区。②

现代史料基础和研究方法，尤其是多元统计分析方法，为我们以马克思列宁主义为原则开展持续研究提供了可能。

第一节　原始数据与分析方法

从信息史料学方面来看，解决多元定量分析中的以下两大任务具有关键意义。第一，从任务本身出发，划出表示研究对象基本属性和特征的变量的范围。第二，找出包含必要具体数据的文献资料。

俄国农业史的文献资料有助于我们解决类型学的诸多问题。首要任务是基于一手（按户调查）数据，揭示资本主义时期农民经济的内部结构。列宁在其著作《俄国资本主义的发展》中，提出了农户分类的一般原则和具体标准。它们成为苏联历史学家研究俄国农民阶层分化、分层和分解过程的基础。

在研究俄国农业史的汇总数据时，还出现了其他问题。资本

---

① 　Барг М. А. ，Черняк Е. Б. Указ. соч. ，с. 62，64.

② 　Ленин В. И. ，Развитие капитализма в России，гл. IV. – Полн. собр. соч. ，т. 3.

主义时期农户的主要资料是以村社、乡、县和省为单位进行汇总的，并不包含单一农户分类（类型）的数据。然而，通过汇总数据，就可以确定村、乡、县或省的分类（类型），使在每类中，农民经济和农业结构作为一个整体具有某种鲜明的特征。若要对这些行政区划单位的农业结构进行类型学分析，那么，马、牛等牲畜的数量，播种面积等占农业经济份额的数据，以及描述农民经济状况的相关信息等（例如，役畜的平均供应程度、租赁土地的份额等），是至关重要的。因此，考虑到俄国不同地区商品牛和奶牛养殖业的具体发展情况，列宁按照各省特点，以平均每100个居民拥有的奶牛数量、牛奶桶数、黄油重量等指标为特征，将所有省份划分为 5 大组。列宁在分析这些数据时特别指出："如果以每100个居民拥有的牲畜总数来看，那就会发现：在俄国，这个数量最多的是草原边疆地区，数量最少的是非黑土地带。"①

***

在研究欧俄各省的农业分类、选择特征变量时，我们的出发点是要选出可以充分反映农业生产的最基本的生产经济和社会经济条件，使其能够代表主要部门的总体发展水平和强度，展示农业关系的社会方面及其特点的一套指标。② 当然，这套指标还必须有相关

---

① Там же, с. 259, 258.

② Ковальненко И. Д., Бородкин Л. И., Аграрная типология губерний Европейской России на рубеже XIX – XX веков. （Опыт многомерного количественного анализа）. - История СССР, 1979, No. 1, с. 61.

资料作为支撑。总体而言，19～20世纪之交，俄国留存下了丰富的数据。

要想定义具体指标，就要关注指标的实质性和代表性。因此，被考虑的指标是否内容清晰、含义明确，就成为筛选准则。基于这一条件，我们选出了19个指标，以此来划分总体农业类型。

（1）农业雇工和当地工人之比（％）；

（2）按人口计算的份地（俄亩）；

（3）好地中贵族耕地的比例（％）；

（4）出售的私人土地占土地总数的比例（％）；

（5）租佃土地和份地的比例（％）；

（6）按人口计算的马匹（匹）；

（7）按人口计算的产畜（头/只）；

（8）按人口计算的播种面积（俄亩）；

（9）按人口计算的粮食产量（普特）；

（10）每俄亩的粮食产量（普特）；

（11）每俄亩播种面积的雇工人数（人）；

（12）按一俄亩播种面积计算的马匹（匹）；

（13）按一俄亩播种面积计算的产畜（头/只）；

（14）无马户和有一匹马的农户的比例（％）；

（15）有四匹及以上马的农户的比例（％）；

（16）雇工的计日工资（戈比）；

（17）一俄亩土地的价格（卢布）；

（18）一俄亩耕地的租金（卢布）；

（19）黑麦的秋季价格（戈比/普特）。

农民份地的规模和贵族耕地的所占比例，说明了"土地关系的基本性质"，而私人土地的出售比例和农民租赁非份地的普及程度，则显示了土地资金的流动性。土地价格、租金和黑麦价格，反映了主要农业生产方式和主要产品之一的市场行情。

另一组指标（按人口计算的、按一俄亩播种面积计算的役畜和产畜数量、播种量和收获量、产量）反映了农业生产发展的总体水平和强度。这些数据对于划分农业发展的总体类型是至关重要的。

最后一组指标也十分重要，包括使用农业雇工的总体范围和强度指标（农业雇工和当地工人之比、每俄亩播种面积中的雇工人数），以及农村的无产阶级化和资产阶级化程度（无马户和有一匹马的农户的所占比例、有四匹及以上马的农户的所占比例）。这些指标体现了资产阶级农业演进的深度和特性。农业工人工资的高低也是衡量农业资本主义发展情况和深度的指标。[1]

因此，我们所选取的指标反映了农业结构的基本方面，而且，每个方面在数量上并没有显著差异。

在选取多元分析所用的指标时，指标总数的确定是一个重要问题。初以为，指标数量越多，分析就会越深入。而事实上，使用大量次要或重复指标，很可能降低最显著指标的价值，因此，选定的指标必须是显著的，且具有明确的含义。这样一来，就要求指标数量有所限制。

与其他研究方法相比，多元分析的一个重要优势是，即使缺少一些指标，甚至是重要指标（如农业商品率数据），也不会对结果产生重大影响，因为由其他指标构成的总体，一般来说，已经能够

---

① Маркс К.，и Энгельс Ф. Соч.，т. 24，с. 355.

正确反映所研究对象内部结构的性质。

依靠这组数据，我们对农业类型学研究所选指标和对构成其多元分析基础的所有指标进行了省级层面的计算。[1]

借助聚类分析法中的层次聚类法，我们用 19 个农业发展指标，对欧俄 50 个省份进行了多元分类。

研究中的原始信息，以数据表的形式呈现，分 50 行（按省份数）、19 列（按特征数）。每个省份都可以用 19 维特征空间中的一个点来表示。空间中点的分布性质，决定了各省在给定指标体系中的相似性和差异性结构。19 维特征空间中每对点之间的距离，反映了对应两个省份农业结构的相似程度。这种相似性的实质含义在于，各省的农业条件越相似，其农业发展同名指标值之间的差异就越小。

让我们举一个简单的例子来说明聚类分析法的应用。现从原始数据表（50×19）中选取几个省份和特征，比如，以 6 个西北部省份和 2 项农业发展指标为例，构建一个新数据矩阵，大小为 6×2。然后针对两个选定指标，计算出每一个指标的平均值和标准差，并将其标准化（见表 4-1）。

套用方程 2-6，可以计算出二维特征空间中每对省份的距离 d_{ij}。将 d_{ij} 的每个数值除以这些数中的最大值（该情况下，最大值是数字 $d_{3,5}$），得到标准化距离，如表 4-2 所示。

---

① 科瓦利琴科和鲍罗德金在文章附录中，给出了以上指标值。参见 Ковальненко И. Д., Бородкин Л. И., Аграрная типология губерний Европейской России на рубеже XIX – XX веков. (Опыт многомерного количественного анализа). – История СССР, 1979, No. 1, c. 92–93, 同时注明了相关来源。

表 4 - 1 原始指标值和标准指标值

省份	原始值		标准值	
	农业雇工和当地工人之比	好地中贵族耕地的比例	农业雇工和当地工人之比	好地中贵族耕地的比例
普斯科夫省	0.027	0.140	−0.80	−0.93
诺夫哥罗德省	0.032	0.168	−0.76	−0.71
特维尔省	0.029	0.116	−0.78	−1.13
圣彼得堡省	0.068	0.267	−0.47	0.18
立弗兰省	0.305	0.407	1.44	1.39
库尔兰省	0.298	0.384	1.38	1.19
	$\overline{X} = 0.126$	$\overline{X} = 0.247$	$\overline{X} = 0$	$\overline{X} = 0$
	$\Sigma = 0.124$	$\Sigma = 0.115$	$\Sigma = 1$	$\Sigma = 1$

表 4 - 2 二维特征空间中各省间的"距离"

省份	"距离"					
	1	2	3	4	5	6
1. 普斯科夫省	0					
2. 诺夫哥罗德省	0.066	0				
3. 特维尔省	0.062	0.126	0			
4. 圣彼得堡省	0.343	0.276	0.401	0		
5. 立弗兰省	0.959	0.903	1.000	0.673	0	
6. 库尔兰省	0.906	0.855	0.948	0.632	0.063	0

层级聚类分析法的第一步，首先要在表 4 - 2 中找到最小数（$d_{3,1} = 0.062$），并将对象 3 和对象 1（特维尔省和普斯科夫省）合并为一组。从距离矩阵中排除第 3 行和第 3 列，在确定第 1 行和第 1 列的新值后，进入算法的第二步。此时，第 5 个和第 6 个对象之间的距离（$d_{5,6} = 0.063$）最小，所以，我们把库尔兰省和立弗兰省归为一组，以此类推。第三步（$D_{pq} = 0.101$）我们把对象 1、3 和 2 合并为

一组（即把诺夫哥罗德省加入"普斯科夫和特维尔"省中）。第四步，将圣彼得堡省也加入组内（$D_{pq}=0.344$），第五步是最后一步，此时全部6个省份被合并为一个大组。

分类成果可以简化为树状图（见图4-1）的形式。树权上每个点的数字代表了某步合并后的簇之间的距离。分析得出的分类结构，计算两个选定指标后，我们把6个省份分成了（1-4）和（5，6）组；而且，每组结构还可以再进行细分。例如，（1-4）组由非常相近的对象1、2和3（最大距离$d_{2,3}=0.126$）和相对较远的对象4［从该对象到（1-3）组中对象的最小距离$d_{2,4}=0.276$］构成。如图4-1所示，还可以细分为3个簇，分别是（1-3）、（4）、（5，6）组。

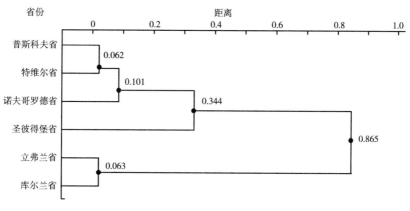

图4-1　层次分类树（树状图）

注：根据两变量值划分的俄国西北6省分组情况。

上述研究示例十分简单易懂，方便了我们对二维特征空间中的对象分布结构进行几何学解释。图4-2中有6个点，分别对应于二维特征值定义的6个对象（省份）。在这种情况下，我们利用视觉识别出两参数平面上紧密排列的点组，如此这般，使用"肉眼"就可以轻松获得对象的分类。然而，一旦特征和对象的数量太多，原则上就无法获得几何解释了，所以在多量纲的类型学问题上，我们有必要采用自动分类法和计算机技术。在 19 维特征空间中使用聚类分析法对 50 个对象进行分类，动辄需要几万次或几十万次的计算操作，倘若没有计算机，是无法解决这一问题的。

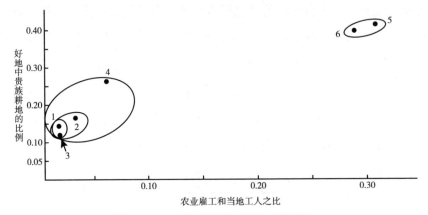

图 4 - 2　二维坐标轴内的对象分布

注：1. 普斯科夫省；2. 特维尔省；3. 诺夫哥罗德省；4. 圣彼得堡省；5. 立弗兰省；6. 库尔兰省。本书尽量尊重原俄文图表格式，下同。

假使我们分析分类结果的性质，且该性质足以说明组或簇的定性和定量特征，那么就可以从类型学角度对聚类分析构建的对象施以分组研究了。

第二节　19～20世纪之交欧俄农业结构的总体类型学

欧俄各省农业结构的总体类型，可以由簇（由农业发展整体面貌最为相似的省份组成的组）和关系图来（根据彼此的相似性制定的关系图）表示（见图 4 - 3、表 4 - 3）。组中各省份的相似性和组本身的相似性的总和（19 个特征），可以用"距离"来表征。

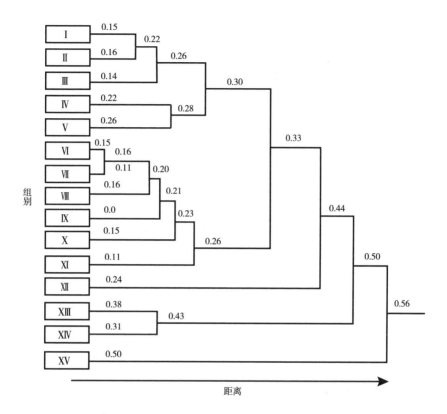

图 4 - 3　19～20 世纪之交欧俄各省农业类型的分级系统

因此，I 组附近的数字 0.15 表示，该组有 3 个省份，其中任意两个省份之间的最大距离相差 0.15（在该场景下，19 维特征空间中最远的距离是阿尔汉格尔斯克省和塔夫利达省）。

19～20 世纪之交欧俄农业关系系统的空间结构特点表现为分省各组的集合，每一组中有着农业面貌相似的省份。分类后共有 15 个分省组。

农业发展的总体类型学，促成了宏观类型的划分，这些宏观类型不是由几个微簇（小组）组成，就是由不属于类似分省组的单组表示。图4-3清楚地定义了农业面貌相似的小组之间的关系。

纵观19~20世纪之交欧俄的农业发展，我们可以将其划分成5大组。鉴于构成相应类型的分省组覆盖了一定地区，包含了疆域上相毗连的省份，所以，我们采用能够反映分类类型自然地理属性的术语。

第一种类型疆域面积最广，包括了前5组省份（Ⅰ~Ⅴ）。这几组省份在外观上很相似，且全部5个微簇都汇聚到了一个类间距离相对较小（0.30）的大簇之中。这一宏型涵盖了从西部到乌拉尔（包括）非黑土区的19个省份。诚然，其中也包括了常被列入黑土区的沃伦省、切尔尼戈夫省和乌法省，但不包括波罗的海沿岸和首都（圣彼得堡和莫斯科）各省。这些分省组的集合可称为"农业发展类型中的非黑土型"。

第二种是由16个中南黑土省份组成的Ⅵ~Ⅺ组。它们的相似性也表现在非常紧密的类间距离上（0.26）。该类型覆盖了黑土区的广袤土地，从伏尔加河中部一直延伸到比萨拉比亚和波多利亚。还包括了下诺夫哥罗德省，但该省属于非黑土地区，与喀山和辛比尔斯克省共同构成了一个微簇。该分省组的集合可称为"农业发展类型中的中部黑土型"。

表4-3　19~20世纪之交欧俄农业结构的总体农业类型学

组别	Ⅰ	Ⅱ	Ⅲ	Ⅳ
省份	弗拉基米尔省 科斯特罗马省 雅罗斯拉夫尔省	诺夫哥罗德省 普斯科夫省 特维尔省 沃洛格达省	维尔纳省 格罗德诺省 明斯克省 维捷布斯克省	卡卢加省 切尔尼戈夫省 沃伦省 莫吉廖夫省 斯摩棱斯克省

续表

组别	V	VI	VII	VIII
省份	维亚特卡省 乌法省 彼尔姆省	图拉省 坦波夫省 库尔斯克省 奥廖尔省 奔萨省	沃罗涅日省 萨拉托夫省	梁赞省 哈尔科夫省 波尔塔瓦省
组别	IX	X	XI	XII
省份	比萨拉比亚省	喀山省 辛比尔斯克省 下诺夫哥罗德省	基辅省 波多利亚省	莫斯科省 圣彼得堡省
组别	XIII	XIV	XV	
省份	赫尔松省 叶卡捷琳诺斯拉夫省 塔夫利达省	萨马拉省 奥伦堡省	立弗兰省 库尔兰省 科夫诺省 爱斯特兰省	

注：阿斯特拉罕省、奥洛涅茨省和阿尔汉格尔斯克省不包括在分类表中。

第三种类型是南部草原型，包括第XIII组和第XIV组的南部和东南部草原省份，覆盖了从比萨拉比亚到哈萨克斯坦5省的领土。

第四种农业发展类型是波罗的海沿岸型，包括第XV组中的四个省。

第五种是农业发展类型中的首都型，以圣彼得堡省和莫斯科省为代表（第XII组）。其农业面貌的相似性相当大（"距离"为0.24）。

阿斯特拉罕省、奥洛涅茨省和阿尔汉格尔斯克省位列基本分类组别之外，并不属于任何一组。虽然这之中的每一个省份都与农业关系总系统有关，但"距离"非常之远（0.53~0.79）。由于其地处边缘且对农业生产的影响不大，这些省份对欧俄农业结构的整体情况没有显著影响。

使用聚类分析法，我们得出了各省的农业发展类型。在评价其特点时，我们必须说明不同类型的省份是否具有真正的内部同质性、其程度如何，也必须指出不同组别的省份在多大程度上反映了其生产、经济和社会经济特征方面的质量和数量特征。

$$***$$

面对每个类型已知的省份，使用离散系数（变异系数）V，可以分析出其农业结构的同质性程度。表 4 - 4 罗列了所有组别和类型（聚类组别），显示了 19 个指标的变异系数值。

需要注意的是，V 值越趋近于零，相应集合的同质性程度（对于所考虑的特征而言）就越高，此处指的是汇聚成簇的省份。如果变异系数不超过 50%，则认为集合的同质性程度是很高的。如若计算全部 19 个特征的变异系数的平均值（将用 $\overline{V}$ 表示），则可以在整体上反映组内的同质性程度。

以上我们划分出的农业发展类型有非黑土型（Ⅰ～Ⅴ）、中部黑土型（Ⅵ～Ⅺ）、南部草原型（ⅩⅢ～ⅩⅣ）、波罗的海沿岸型（ⅩⅤ）和首都型（Ⅻ）（见表 4 - 4），变异系数的平均值 $\overline{V}$ 始终没有超过指定限度，这证明了各类型省份整体上的同质性。非黑土型（35.3%）和南部草原型（31.5%）的平均方差 $\overline{V}$ 明显要高于中部黑土型（24.1%）。同质性程度最高的是波罗的海沿岸型（20.6%）和首都型（16.4%）。如果计算得出，19 项指标中的每项指标在 50 个省之间的平均方差 $\overline{V}$ 要远远大于所研究的 5 个大组的平均方差，那么，组成同一种农业发展类型的省份之间的高度相似性就会变得更加明显。我们所定义的 19～20 世纪之交欧俄农业发展类型的省份集合，真实涵盖了农业外观非常相似的省份。显然，小组中（形成相应亚型的）省份的同质性较之还要更高。全部小组的平均变异系数比大组的低很多。

表 4－4　19～20 世纪之交欧俄各分省组总体农业结构的同质性

编号	指标	各分省组指标的平均值								
		I	II	III	IV	V	I～V	VI	VII	VIII
1	农业雇工和当地工人的比例（%）	21.1	21.1	14.8	18.0	19.1	39.4	10.8	37.3	42.8
2	按人口计算的份地（俄亩）	3.2	28.4	11.8	7.5	5.7	42.9	8.8	0.4	14.6
3	好地中贵族耕地的比例（%）	9.1	56.6	16.3	31.4	66.2	61.5	15.1	4.2	16.9
4	出售的私人土地和土地总数的比例（%）	10.6	13.9	41.5	22.9	44.1	30.2	7.0	18.0	19.9
5	租佃土地和份地的比例（%）	17.3	57.7	34.9	60.4	39.7	74.3	7.8	16.7	51.0
	按人口计算的									
6	马匹（匹）	11.0	8.1	10.4	6.7	33.3	26.4	5.0	2.2	12.0
7	产畜（头/只）	11.6	8.4	12.5	15.0	7.7	16.2	8.4	7.8	11.4
8	播种面积（俄亩）	8.6	6.6	5.1	11.1	19.2	18.8	4.6	8.9	9.1
9	粮食产量（普特）	10.6	5.7	6.3	6.9	15.8	18.2	8.6	4.5	5.4
10	每俄亩的粮食产量（普特）	14.3	5.7	2.5	11.8	8.9	12.6	7.3	0.7	8.2
	按一俄亩播种面积计算的									
11	雇工人数（人）	26.8	22.9	14.6	12.7	35.5	32.9	15.0	28.6	47.3
12	马匹（匹）	9.5	7.5	17.8	13.2	33.8	26.2	8.4	2.2	11.1

续表

编号	指标	各分省组指标的平均值								
		I	II	III	IV	V	I～V	VI	VII	VIII
13	产畜(头/只)	15.5	10.3	11.4	19.3	24.6	23.3	5.0	2.4	8.4
	在农户总数中的比例									
14	无马户和有一匹马的农户的比例(%)	2.1	5.7	7.9	15.0	1.2	21.0	7.0	3.2	5.4
15	有四匹及以上马的农户的比例(%)	18.2	35.2	30.5	26.7	28.3	82.9	25.1	7.7	27.4
16	雇工的计日工资(戈比)	6.9	8.3	11.0	17.1	9.6	18.3	12.6	1.0	5.8
17	一俄亩土地的价格(卢布)	39.8	43.6	20.7	21.9	2.8	43.7	16.6	14.8	14.8
18	一俄亩耕地的租金(卢布)	12.3	50.6	26.3	48.5	61.6	67.5	16.4	3.7	1.0
19	黑麦秋季价格(戈比/普特)	4.1	8.2	3.9	7.9	2.0	13.8	5.8	10.5	4.2
	平均方差 $\overline{V}$	13.3	15.3	15.8	19.7	24.2	35.3	10.3	9.2	16.7

编号	指标	各分省组指标的平均值								50省
		X	XI	VI～XI	XII	XIII	XIV	XIII～XIV	XV	
1	农业雇工和当地工人之比(%)	35.1	8.6	40.9	48.8	39.6	0.9	36.9	22.5	116.9
2	按人口计算的份地(俄亩)	13.2	4.0	23.9	10.0	60.6	48.0	70.9	20.0	94.5
3	好地中贵族耕地的比例(%)	25.8	4.0	31.0	25.6	34.2	31.0	54.6	36.1	63.2
4	出售的私人土地和土地总数的比例(%)	11.9	10.8	18.4	18.0	6.1	38.5	28.6	5.3	29.3

续表

编号	指标	各分省组指标的平均值								50省
		X	XI	VI~XI	XII	XIII	XIV	XIII~XIV	XV	
5	租佃土地和份地的比例(%)	57.6	36.7	44.6	18.0	60.1	84.4	67.9	110.3	105.4
	按人口计算的									
6	马匹(匹)	10.0	10.7	17.2	12.1	14.7	2.0	14.2	9.8	32.1
7	产畜(头/只)	8.2	3.4	24.5	16.6	39.4	13.4	35.0	5.8	35.7
8	播种面积(俄亩)	13.9	5.1	17.1	10.0	15.2	10.0	23.6	11.3	43.1
9	粮食产量(普特)	13.2	7.7	12.9	12.9	9.4	7.0	20.0	15.7	32.8
10	每俄亩的粮食产量(普特)	2.2	0.6	13.4	1.7	7.9	5.5	9.0	13.1	18.4
	按一俄亩播种面积计算的									
11	雇佣工人(人)	42.7	13.2	43.3	29.2	12.2	7.5	18.0	22.4	126.2
12	马匹(匹)	5.5	0.3	13.8	4.5	8.8	6.1	25.4	3.5	42.0
13	产畜(头/只)	8.7	11.5	18.0	1.8	36.4	25.0	33.5	9.5	52.0
	在农户总数中的比例									
14	无马户和有一匹马的农户的比例(%)	6.9	9.6	14.0	2.2	13.8	9.0	12.4	19.4	23.0
15	有四匹及以上马的农户的比例(%)	22.8	13.9	50.8	15.2	28.0	15.1	28.1	51.2	89.2
16	农业工人的计日工资(戈比)	9.5	5.3	14.3	8.9	9.0	4.1	19.2	11.0	22.6
17	一俄亩土地的价格(卢布)	17.4	11.9	27.9	43.6	19.2	34.3	49.8	5.2	57.4

续表

编号	指标	各分省组指标的平均值								50省
		X	XI	VI～XI	XII	XIII	XIV	XIII～XIV	XV	
18	一俄亩耕地的租金（卢布）	14.1	5.2	20.2	19.1	11.8	50.0	33.3	15.1	60.1
19	黑麦秋季价格（戈比/普特）	6.2	2.8	12.4	13.5	6.6	14.9	17.7	4.5	17.9
	平均方差$\overline{V}$	17.1	8.7	24.1	16.4	22.8	21.4	31.5	20.6	55.9

对欧俄各分省组的同质性程度的分析，揭示了50个省差异最大和最小的一些农业发展指标。V值最低的指标有粮食总产量和单产、黑麦价格、农业工人的计日工资，以及按人口计算的产畜和役畜的供应程度、无马户和有一匹马的农户的比例。上述指标的V值不超过36%。当中的大部分指标描绘出了农业结构的生产和经济特征。在粗放型农业生产方式盛行的俄国，自然环境是影响这些指标值的主要因素，由此可知，相邻省份的特征值十分相似。对全部组别、类型的上述指标来说，V值超过20%的情况很少。

欧俄50个省的指标中，差异最大的有好地中贵族耕地和租佃土地和份地的比例、雇佣工人和多马农户的数量，农业雇工和当地工人之比，以及按人口计算的份地规模等。这些指标的数值与其说取决于气候和地理条件，不如说取决于农业发展的历史、经济和社会条件。以上指标的V值均超过了60%。比如，表征雇佣劳动力的使用范围和强度的指标还具有变异属性，分别为126.2%和116.9%。然而，对于通过聚类分析得到的分省组来说，这两项特征的V值都不超过49%，而大多数组别中，$V \leqslant 30\%$。因此，即使是对于那些变异程度较高的指标，得到的分省组也是相当均质的。

***

根据各类型指标的平均值，可以揭露农业发展总体类型的内在本质和特点（见表4－5）。

表4－5　19～20世纪之交欧俄各省总体农业类型学的特征

编号	指标	各分省组指标的平均值								
		I	II	III	IV	V	I～V	VI	VII	VIII
1	农业雇工和当地工人的比例(%)	3.0	3.0	6.0	3.0	2.0	4.0	2.0	2.0	3.0
2	按人口计算的份地(俄亩)	1.6	2.1	1.1	1.1	2.9	1.7	1.2	1.6	1.1
3	好地中贵族耕地的比例(%)	12.0	11.0	41.0	25.0	13.0	21.0	23.0	19.0	21.0
4	出售的私人土地和土地总数的比例(%)	31.0	38.0	34.0	38.0	28.0	34.0	28.0	36.0	37.0
5	租佃土地和份地的比例(%)	11.0	13.0	4.0	15.0	5.0	10.0	19.0	24.0	21.0
	按人口计算的									
6	马匹(匹)	0.16	0.21	0.17	0.26	0.25	0.21	0.25	0.25	0.18
7	产畜(头/只)	0.34	0.47	0.48	0.41	0.47	0.44	0.31	0.49	0.36
8	播种面积(俄亩)	0.58	0.50	0.62	0.60	0.78	0.61	0.88	0.98	0.80
9	粮食产量(普特)	26.3	21.7	24.5	26.2	34.3	26.2	39.3	36.0	33.4
10	每俄亩的粮食产量(普特)	46.1	44.7	37.0	40.7	45.5	42.4	45.0	39.1	44.7
	按一俄亩播种面积计算的									
11	雇佣工人(人)	0.03	0.03	0.04	0.03	0.02	0.03	0.02	0.01	0.02

编号	指标	各分省组指标的平均值								
		I	II	III	IV	V	I ~ V	VI	VII	VIII
12	马匹(匹)	0.25	0.36	0.23	0.36	0.23	0.29	0.20	0.17	0.17
13	产畜(头/只)	0.67	1.04	0.89	0.75	0.66	0.81	0.38	0.55	0.51
	在农户总数中的比例									
14	无马户和有一匹马的农户(户)	82.0	66.0	68.0	46.0	55.0	62.0	56.0	56.0	72.0
15	有四匹及以上马的农户(户)	1.0	3.0	3.0	12.0	12.0	7.0	10.0	12.0	4.0
16	雇工的计日工资(戈比)	54	42	35	42	39	42	47	52	51
17	一俄亩土地的价格(卢布)	38.0	29.8	47.3	67.4	29.0	44.5	111.2	91.5	123.0
18	一俄亩耕地的租金(卢布)	2.1	2.7	3.5	6.7	3.3	3.9	12.0	10.9	9.4
19	黑麦秋季价格(戈比/普特)	61	72	64	59	48	61	50	53	51

编号	指标	各分省组指标的平均值							50省
		X	XI	VI ~ XI	XII	XIII	XIV	XIII ~ XIV	XV	
1	农业雇工和当地工人的比例(%)	2.0	3.0	3.0	5.0	6.0	4.0	5.0	25.0	5.0
2	按人口计算的份地(俄亩)	1.4	0.65	1.2	1.4	2.2	5.0	3.1	1.3	1.8
3	好地中贵族耕地的比例(%)	13.0	34.0	22.0	21.0	16.0	5.0	13.0	42.0	21.0
4	出售的私人土地和土地总数的比例(%)	31.0	29.0	31.0	34.0	34.0	43.0	37.0	54.0	33.0

续表

编号	指标	各分省组指标的平均值								50省
		X	XI	VI～XI	XII	XIII	XIV	XIII～XIV	XV	
5	租佃土地和份地的比例（%）	13.0	7.0	17.0	18.0	29.0	22.0	27.0	40.0	17.0
	按人口计算的									
6	马匹（匹）	0.20	0.18	0.22	0.11	0.33	0.39	0.35	0.21	0.22
7	产畜（头/只）	0.27	0.24	0.33	0.12	0.65	0.56	0.62	0.55	0.43
8	播种面积（俄亩）	0.81	0.55	0.83	0.39	1.60	1.04	1.41	0.65	0.75
9	粮食产量（普特）	31.3	30.3	37.1	8.9	47.5	31.8	42.3	34.8	30.1
10	每俄亩的粮食产量（普特）	40.4	58.3	45.0	45.6	36.4	32.5	35.1	56.6	43.8
	按一俄亩播种面积计算的									
11	雇佣工人（人）	0.02	0.03	0.02	0.05	0.02	0.02	0.02	0.22	0.04
12	马匹（匹）	0.19	0.25	0.19	0.57	0.17	0.27	0.20	0.30	0.27
13	产畜（头/只）	0.36	0.50	0.45	0.74	0.50	0.60	0.53	1.09	0.74
	在农户总数中的比例									
14	无马户和有一匹马的农户（户）	70.0	62.0	62.0	77.0	40.0	39.0	40.0	46.0	59.0
15	有四匹及以上马的农户（户）	4.0	4.0	7.0	2.0	21.0	30.0	24.0	21.0	10.0
16	雇工的计日工资（戈比）	39	38	45	56	73	49	65	44	47
17	一俄亩土地的价格（卢布）	62.3	138.5	106.8	113.5	120.0	33.5	91.2	70.5	73.1
18	一俄亩耕地的租金（卢布）	7.6	12.6	10.5	2.1	7.3	4.0	6.2	6.3	6.3
19	黑麦秋季价格（戈比/普特）	60	55	54	74	66	47	60	70	61

非黑土型（第 I ～ V 组）省份的特点是耕作水平低（与除首都型外的其他类型相比，粮食的播种量和收获量最低），畜牧业集约化水平相对较高（除波罗的海沿岸型外，按一俄亩播种面积计算的产畜数量最高）。该地区的地价最低，租佃面积最小。雇佣劳动力的使用强度低于欧俄的平均水平，但明显高于中部黑土区。

中部黑土型（第 VI ～ XI 组）省份的特点是，份地面积最小，租金最高。这些省份农业发达（除草原地带外，播种面积和粮食产量最高，粮食价格最低），但产畜业的总体水平和集约化程度在欧俄地区中是最低的。该区农业雇佣劳动力的使用程度也最低。

非黑土区和中部黑土区的贫农比例较高，富农比例较低。

南部草原型（第 XIII ～ XIV 组）省份中，份地面积和租佃面积较大，贵族耕地比例最小。在生产和经济层面，草原型省份的特点是实行粗放型耕作方式（播种面积和粮食产量最高，单产最低），农业发展的总体水平最高，产畜业的总体水平最高（按人口计算的牲畜数）。在社会层面，草原型省份的特点是，雇佣劳动力使用广泛，工资最高（与非黑土和中部黑土地区相比），同时，无马户和有一匹马的农户的比例最低，富农的比例最高。

波罗的海沿岸类型（第 XV 组）的土地关系的特点是，份地面积小，租佃普遍，贵族土地占比最高。波罗的海沿岸地区是农业生产高度集约化的地区：这里的作物单产最高，每俄亩播种面积的产畜量最高。

波罗的海沿岸省份的特点是，雇佣劳动力的使用范围广、强度大，富民比例高，而最贫困农民的比例相对较低。

首都型（第Ⅻ组）省份的土地价格最高，耕地租金最低，这与该类型省份的农业生产特点不无关系。此地区的农业规模和水平极低，粮食价格最高，集约化程度高（按一俄亩播种面积计算的产量），但畜牧业总体水平不高（按人口计算的牲畜数量）。首都型农业结构的特点是，雇佣劳动力的使用相对广泛，农村无产阶级化程度最高，多马农户的比例最小。

因此，在土地关系、农业生产及其社会经济结构方面，我们划分出的19～20世纪之交欧俄地区的主要农业结构类型具有明显的内在特征。

19～20世纪之交俄国的总体农业类型学具有明显的区域特征。划分出的所有宏观和微观类型都由地理毗邻的省份组成，但也有一些例外。因此，总体农业类型学可以服务于资本主义时代的农业发展分区。

利用多元分析方法，我们描绘出了总体农业类型区划的巨幅画作。关于19世纪末欧俄农业生产发展问题，列宁也曾提出类型学的概念。这两者在主要内容上基本一致。众所周知，在《俄国资本主义的发展》中，列宁划分出了商业性谷物业地区，包括南部草原、伏尔加河下游和伏尔加河中下游左岸的8个省；商业性畜牧业地区，包括波罗的海沿岸、西部、北部和工业省份；以及专门从事谷物生产的中部黑土地带，但19世纪末，该地区在商业性谷物生产方面逊色于俄国南部和东南部地区。①

多元分析为这一宏幅巨制增添了详细的注解。主要是规定了波罗的海沿岸型和首都型这两种特殊的农业结构类型。而且，列宁也

---

①　Ленин В. И., Полн. собр. соч., т. 3, с. 247 – 263.

不止一次指出这些地区的特殊性。①

　　资本主义时期欧俄各省农业结构总体类型的上述结果，显示了高度的统一性。这再次表明，在类型化的具体方法论层面，分类特征的重要程度和实质含义具有决定性作用。如果能取得说明各省和地区农业结构及其发展水平的完整性、总括性指标，即使使用较小数量的特征，也能深度揭示类型化的图景。尽管资料有限，列宁仍成功找到了这些指标。列宁的成果在研究俄国农业系统的总体生产经济类型学方面，具有持久的方法与方法论意义。

　　因此，若要大规模开展欧俄地区的农业发展研究，按照上述宏观类型区即非黑土区、中部黑土区、草原区、波罗的海沿岸区、首都区和北部地区进行相应分析是很相宜的。这样一来，区划方法实际上将与类型学方法不谋而合。

　　然而，研究欧俄范围内的农业发展问题，特别是对其进行区域分析，是历史研究的前沿，这就要求进行更详细的区划，即划定更小的区域。

　　我们依据19个指标所揭示的农业类型成为19～20世纪之交欧俄农业区划的基础。划分出的15个地区，不仅包括地理毗邻的地区，还包括农业外观属于同一类型的地区。② 在多元分析基础上的区域划分，能够帮助我们解决一些争议性问题，比如把某个单独的省份划归到某个地区，对通行的区划图做出某些调整等。③

---

① 比如，列宁在《俄国资本主义的发展》中分析了9个分省组的农业人口转向工业人口的过程，其中就包括首都各省（莫斯科省和圣彼得堡省）和波罗的海沿岸各省（Ленин В. И. Полн. собр. соч., т. 3, с. 433）。

② Ковальненко И. Д., Бородкин Л. И., Аграрная типология губерний Европейской России на рубеже XIX – XX веков. (Опыт многомерного количественного анализа). – История СССР, 1979, No. 1, с. 80 – 81.

③ Там же, с. 81 – 82.

第三节　19～20世纪之交欧俄农业结构的社会类型学

欧俄农业结构的社会类型学与总体类型学相同，对于揭示资产阶级农业演进的本质及其对俄国社会发展其他方面的影响有着重要的意义。

社会类型学研究以 19 个指标为基础，通过对总体类型的分析，从中甄选出了 8 个特征变量。

（1）农业雇工和当地工人之比（%）；

（2）每俄亩播种面积的农工人数（人）；

（3）好地中贵族耕地的比例（%）；

（4）出售的私人土地和土地总数的比例（%）；

（5）租佃土地和份地的比例（%）；

（6）无马户和有一匹马的农户的比例（%）；

（7）有四匹及以上马的农户的比例（%）；

（8）收获季节农业工人的计日工资（戈比）。

（1）（2）两个特征描述了雇佣劳动力的使用程度。（3）～（5）三个指标同样反映了 19～20 世纪之交沙皇俄国农业结构的重要社会方面——贵族土地份额和土地资金的流动性（土地的出售和租赁）。（1）（2）是地主经济特权和封建农奴残余存续的基础，（3）～（5）随着农业资本主义的发展而增加。无马户和有一匹马的农户与多马农户的比例，证明了农民无产阶级化和资产阶级化的特点。众所周知，仅在部分地区，农村无产者人数占主导地位，而在其他地区，资产阶级占主导地位，这是农业资本主义发展的特点。最后一个特征是农业工人的工资水平，这也是农业资本主义发展从而为直接生产者创造条件的一个重要指标。

在八维特征空间中对 50 个省进行多元分类，我们得到了欧俄各省在向帝国主义过渡的交替时期中农业的社会结构类型（见图 4 - 4）。

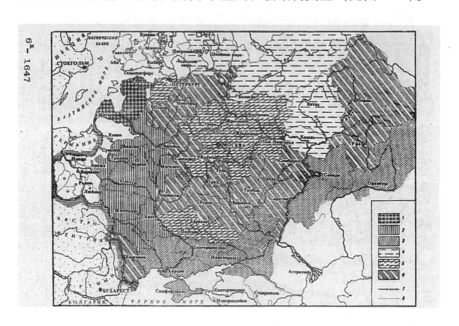

图 4 - 4　19 ~ 20 世纪初欧俄各省的社会农业类型

注：（1）波罗的海地主型；（2）西部地主型；（3）草原农民型；（4）东北农民型；（5）地主—农民工业型；（6）地主—农民农业型；（7）国家边境；（8）行省边界。

言及社会结构类型，让我们首先从由第Ⅳ ~ Ⅵ组省份构成的类型开始说明，以此帮助我们更有效地弄清所有类型的地理概况。

该类型由第Ⅳ ~ Ⅵ组构成，共三组 11 个省（见表 4 - 6）。除了 7 个中部非黑土区和梁赞省组成的 8 省区外，还包括圣彼得堡省和波尔塔瓦省组成的亚型（第Ⅵ组），以及哈尔科夫省（第Ⅳ组）。由于该类型覆盖了工业最发达的省份，我们将其称为"工业类型"

的社会农业结构。

第二种类型共15个省份，涵盖了第 I ～ Ⅲ组（见表4-7）。

表4-6　列入社会农业结构的工业类型的省份

组别	Ⅳ	Ⅴ	Ⅵ
省份	哈尔科夫省	雅罗斯拉夫尔省	圣彼得堡省
	梁赞省	弗拉基米尔省	波尔塔瓦省
	卡卢加省	莫斯科省	
	特维尔省	科斯特罗马省	
		下诺夫哥罗德省	

表4-7　列入社会农业结构的内陆农业类型的省份

组别	I	Ⅱ	Ⅲ
省份	普斯科夫省	比萨拉比亚省	坦波夫省
	诺夫哥罗德省	彼尔姆省	沃罗涅日省
	辛比尔斯克省	切尔尼戈夫省	库尔斯克省
	奔萨省	乌法省	萨拉托夫省
	奥廖尔省		图拉省
			斯摩棱斯克省

在每个单独的分省组的范围内，并没有形成某些统一的地区。但这些组中有12个省份连成了一个广阔的区域。它的地理环境相当奇特。该地区呈马蹄形，包括第一种类型中的8个中部省份，北部与圣彼得堡省、南部与波尔塔瓦省和哈尔科夫省相隔。此外还包括东部的乌法省和彼尔姆省以及西南部的比萨拉比亚省。该类型可以称为社会农业结构中的内陆农业类型。

第三种是由第Ⅶ组省份（奥洛涅茨省、沃洛格达省、维亚特卡省、喀山省）构成的一个特殊类型。它们形成了一个统一的区域，在东北部的中央工业省份周围组成了一个闭环。我们将其定义为东北类型的社会农业结构。

第四种类型由第Ⅷ~Ⅸ组的8个省组成，也形成了一个统一的地区，从北方的维捷布斯克省一直延伸到南部的波多利亚省（见表4-8）。第Ⅷ~Ⅸ组的8个省可以被归为社会农业结构的西部类型。

第五种是南部和东南部的6个省份（顿河省、叶卡捷琳诺斯拉夫省、塔夫利达省、赫尔松省、萨马拉省和奥伦堡省）组成的第Ⅺ组，代表了社会农业结构的草原类型。

表4-8　列入社会农业结构西部类型的省份

组别	Ⅷ	Ⅸ
省份	基辅省、格罗德诺省、波多利亚省、维尔纳省、维捷布斯克省、明斯克省	莫吉廖夫省、沃伦省

第六种是由第Ⅻ组三省（库尔兰省、立弗兰省和爱斯特兰省）形成的波罗的海沿岸类型。

至于阿尔汉格尔斯克省、阿斯特拉罕省和科夫诺省，由于它们在一些指标上的特殊性，并没有被列入类型学分组。

可以看出，社会农业类型学的空间图景不同于总体农业类型学。这里需要注意的是，农业结构的社会类型对自然环境缺乏连续依赖性。这里的一些类型既包括黑土区，又包括非黑土区，既有北部省份，又有南部省份。这很好理解，因为社会因素是社会类型学的主要决定因素。

除东北类型外，其他所有社会农业结构类型的内部同质化程度都非常高（见表4-9）。工业（第Ⅳ~Ⅵ组）、内陆农业（第Ⅰ~Ⅲ

组）、西部（第Ⅷ～Ⅸ组）、草原（第Ⅺ组）和波罗的海沿岸（第Ⅻ组）类型的变异系数的平均值区间为25%～33%，可谓相当之低。只有东北地区差异很大（平均变异系数为54.6%），但也不算激进。

在所有组中，各省之间在农业工人的工资高低、无马户和有一匹马的农户的比例、出售的私人土地和土地总数的比例方面的差异较小，同时，除东北地区外，在雇佣劳动力的使用强度（每俄亩播种面积的雇工人数和农业雇工和工人总数之比）和贵族耕地的比例方面的差异也较小。在已划定的类型中，同质化程度较低的是雇佣劳动力的使用强度租佃土地的普及程度（部分原因可能是数据的准确性不高）和有四匹及以上马的农户比例。

因此，总的来说，我们划定的类型包括了社会农业外观非常相似的省份。

表4-9　19～20世纪之交欧俄各省社会农业类型分省组的同质化程度

各分省组	指标平均值							
	农业经济雇佣工人		好地中贵族耕地的比例（%）	出售的私人土地和土地总数的比例（%）	租佃土地和份地的比例（%）	在农户总数中的比例（%）		雇工的计日工资（戈比）
	和工人总数的比例（%）	按一俄亩计算的（人）				无马户和有一匹马的农户	有四匹及以上马的农户	
Ⅰ	15.9	27.2	18.6	15.7	22.1	4.7	35.1	2.5
Ⅱ	27.9	25.0	20.6	12.3	44.2	3.9	26.9	4.3
Ⅲ	27.4	38.7	18.0	24.8	21.4	10.4	17.7	7.6
Ⅰ～Ⅲ	32.5	33.0	20.1	19.2	39.6	10.3	37.0	11.6
Ⅳ	14.7	38.8	17.2	22.2	38.3	7.2	32.3	4.4
Ⅴ	21.7	25.9	12.8	8.2	33.6	2.9	56.6	12.2
Ⅵ	18.2	25.0	1.8	5.0	39.0	1.3	11.1	4.1
Ⅳ～Ⅵ	44.1	44.6	29.8	20.0	46.2	9.8	59.6	9.4

续表

各分省组	指标平均值							
	农业经济雇佣工人		好地中贵族耕地的比例(%)	出售的私人土地和土地总数的比例(%)	租佃土地和份地的比例(%)	在农户总数中的比例(%)		雇工的计日工资(戈比)
	和工人总数的比例(%)	按一俄亩计算的(人)				无马户和有一匹马的农户	有四匹及以上马的农户	
Ⅶ	36.9	70.6	105.9	62.4	72.7	9.8	65.7	12.9
Ⅷ	28.4	21.9	16.0	37.1	44.6	9.5	30.7	10.2
Ⅸ	0.6	5.0	1.8	20.5	24.7	5.6	2.9	12.7
Ⅷ～Ⅸ	31.2	23.9	14.8	33.8	45.2	20.8	85.4	10.9
Ⅺ	36.9	18.0	54.6	28.6	67.9	12.4	28.1	19.2
Ⅻ	22.5	15.2	26.3	0.0	89.4	20.1	49.8	6.1
按50省	116.9	126.2	63.2	29.3	105.4	23.0	89.2	22.6

＊＊＊

所选 8 项指标的平均值（见表 4 - 10），清晰地体现了我们所划分出的社会农业结构类型的特点。从农业雇佣劳动力的使用范围和强度来看，较大的是波罗的海沿岸（第Ⅻ组）和西部（第Ⅷ～Ⅸ组）的社会结构类型，较小的是东北和内陆农业类型。两个"内陆"省组中，在雇佣工人规模相同的情况下（占工人总数的 3%），工业类型（第Ⅳ～Ⅵ组）的使用强度明显高于农业类型（第Ⅰ～Ⅲ组）。

在波罗的海沿岸和西部类型的社会结构中，贵族耕地的比例特别高（分别占好土总面积的 49% 和 38%）。贵族耕地比例较低的是东北部（3%）和草原类型（13%）。下面我们将从社会农业结构的一个非常重要的方面，关注上述类型之间的显著差异。内陆类型中，贵族耕地的比例大致相同；就该指标而言，内陆类型比西部和波罗的海沿岸类型更接近于草原类型。对于出售的私人土地来说，全部类型的比例大体都相同。在波罗的海沿岸和草原类型中，农民租地的规模较大，在东北和西部地区较小。同一指标，"内陆"类型居于两者之间。

表4-10 19~20世纪之交欧俄各省社会农业类型的特征

各分省组	指标平均值							雇工的计日工资(戈比)
	农业经济雇佣工人		好地中贵族耕地的比例(%)	出售的私人土地和土地总数的比例(%)	租佃土地和份地的比例(%)	在农户总数中的比例(%)		
	和工人总数的比例(%)	按一俄亩计算的(人)				无马户和有一匹马的农户	有四匹及以上马的农户	
I	3.0	0.02	18.0	35.0	17.0	61.0	6.0	40
II	4.0	0.02	20.0	34.0	10.0	52.0	12.0	42
III	2.0	0.02	21.0	34.0	23.0	53.0	12.0	50
I~III	3.0	0.02	20.0	34.0	18.0	55.0	10.0	45
IV	2.0	0.02	16.0	32.0	15.0	66.0	5.0	52
V	3.0	0.03	14.0	31.0	13.0	80.0	2.0	53
VI	6.0	0.05	26.0	43.0	24.0	77.0	3.0	49
IV~VI	3.0	0.03	17.0	34.0	16.0	74.0	3.0	52
VII	2.0	0.02	3.0	22.0	2.0	67.0	4.0	38
VIII	5.0	0.04	38.0	32.0		66.0	3.0	36
IX	3.0	0.03	35.0	39.0	8.0	40.0	15.0	36
VIII~IX	5.0	0.04	38.0	34.0	6.0	60.0	6.0	36
XI	5.0	0.02	13.0	33.0	27.0	40.0	24.0	65
XII	26.0	0.24	49.0	60.0	52.0	43.0	23.0	47
按50省	5.0	0.04	21.0	33.0	17.0	59.0	10.0	47

在波罗的海沿岸和草原类型中，富裕农户的比例最高，最贫穷农户的比例最低；反之，在社会农业结构的工业类型中，富农比例最低，最贫穷的农户比例最高。根据这些指标，东北地区更接近于工业类型。农业工人的工资水平在草原地区最高，在西部和东北地区最低。

社会农业结构比例的一般性质表明，社会农业结构的两种类型（工业和农业型）在各方面（不包括工业类型中贫农和富农的比例）都处于中间过渡位置。波罗的海沿岸和草原类型位于一端，西部和东北类型位于另一端。然而，这些类型绝不能代表同一方面的两极。

科瓦利琴科和鲍罗德金的论文指出，欧俄各省社会农业结构之所以存在最显著的差异，是因为与以下两种类型的资产阶级演进有关：一是地主式（"普鲁士式"），二是农民式（"美国式"）。这些类型（道路）既以纯粹的形式出现，又以各种组合的方式交织在一起。①

19～20世纪之交欧俄社会农业结构的类型，代表了资产阶级农业演进过程中地主和农民道路的各种变体。

波罗的海沿岸和西部类型是以地主经济为主导的资产阶级农业演进的变种。草原型和东北型则是以农民经济为主导的资产阶级农业演进形式。

对于资产阶级农业演进的地主和农民道路在所示地区的主导地位问题，我们不能认为，在波罗的海沿岸和西部地区，农业资本主义的发展只实行"普鲁士式"模式，而草原和东北部地区只实行

①　Там же, с. 80 - 90.

"美国式"变体。列宁曾强调，"这两种演进方式都表现得十分明显"，"地主经济和农民经济并存"。①

资产阶级农业演进的两条道路相互交织的模式，在社会农业结构的内陆农业、工业和农业类型中表现得最为明显。它们在以地主、农民经济为核心的农业资本主义发展类型中处于中间位置，也证明了这一点。这里的主流趋势是，在地主经济的作用下，尤其是农业类型中，发展农业资本主义。然而，资产阶级农业演进的农民式变种也表现得非常明显。

正如我们所见，社会农业结构的多元定量分析，证实了其在资产阶级农业演进中的两个主要类型或道路的真实存在，并描绘了它们在19～20世纪之交欧俄不同地区的具体变种和相互关系。在这幅图景中，应该补充一个特别的细节。上文我们已指出，科夫诺省、阿斯特拉罕省和阿尔汉格尔斯克省没有被列入任何类型学分组中。科夫诺省明显属于地主式的资产阶级农业结构，是其西部类型，尽管在某些方面（主要是在雇佣劳动力的使用上），它倾向于农业结构的波罗的海沿岸型。阿斯特拉罕省属于农民类型，在某些方面与东北类型相似，在其他方面与该类型的草原变种相似。阿尔汉格尔斯克省也属于资产阶级农业结构农民类型的东北变体，该省没有被列入任何一个群组当中。

因此，可以依据资产阶级农业演进的地主与农民类型的相互关系，以省域为制图单元，研究19～20世纪之交欧俄的社会农业结构问题（见表4－11）。

---

① Ленин В. И.，Поли. собр. соч.，т. 16，с. 217－218.

表4-11 19~20世纪欧俄各省的社会农业分区

社会农业结构类型、亚型与构成省份

地主型	农民型	地主—农民型
波罗的海沿岸型	**南部及东南部草原型**	**工业型**
爱斯特兰省	萨马拉省	圣彼得堡省
立弗兰省	奥伦堡省	莫斯科省
库尔兰省	阿斯特拉罕省	弗拉基米尔省
喀山省	赫尔松省	下诺夫哥罗德省
西部型	塔夫利达省	科斯特罗马省
科夫诺省	叶卡捷琳诺斯拉夫省	雅罗斯拉夫尔省
格罗德诺省	顿河省	特维尔省
维尔纳省	**东北型**	卡卢加省
维捷布斯克省	阿尔汉格尔斯克省	梁赞省
明斯克省	奥洛涅茨省	哈尔科夫省
莫吉廖夫省	沃洛格达省	波尔塔瓦省
沃伦省	维亚特卡省	**农业型**
基辅省	喀山省	诺夫哥罗德省
波多利亚省		普斯科夫省
		斯摩棱斯克省
		奥廖尔省
		切尔尼戈夫省
		库尔斯克省
		图拉省
		坦波夫省
		沃罗涅日省
		西伯利亚省
		奔萨省
		萨拉托夫省
		彼尔姆省
		乌法省
		比萨拉比亚省

表4-11证实了列宁在《俄国资本主义的发展》一书中,根据俄国和乌克兰左岸省份的农业资本主义发展程度,对这些省份进行

的分类。众所周知，列宁划分出了以下几个省份类型：南部、东南部、中部黑土、非黑土和波罗的海沿岸省份。① 西部和东北部省份不在列宁的分析之列，但我们认为，它们单独成类。

因此，以上两种情形划分出的类型相同。多元分析有助于我们划清这些类型的界限，并揭示它们与资产阶级农业演进道路的关系。

通过多元定量分析方法揭示的 19～20 世纪之交欧俄各省的社会农业类型，不仅在农业体系及其社会结构的主要特征方面深化和具体化了现行概念，同时也成为分析农业关系与社会发展各方面的基础。

第四节　欧俄农业发展类型的内部结构分析

若想进一步完善欧俄农业结构的社会类型，可以通过单独揭示每个类型和亚类型的内部结构而达到目的（见表 4－11）。显然，每个类型学分组内的省份，有的明显体现了相应农业发展类型的特殊性，而有的对该类型的归属性不太明显。在 19～20 世纪之交俄国农业系统中，资产阶级农业演进的两条道路相互交错、杂糅。由于这一复杂属性，社会农业发展的类型不可能是"纯粹的"，就组成它们的省份的外观而言，不可能是绝对同质的。

因此，我们可以得出结论，除了对欧俄各省的社会农业结构进行多元研究外，还必须考虑到一个特别之处，即属于每一种农业结构类型的省份，相对于相应的类型学分组来说，可以有不同程度的

---

① Ленин В. И., Полн. собр. соч., т. 3, с. 268－269.

典型性特征。

将模糊集理论作为基础，可以判定各省对某种社会农业结构类型的归属程度。如此一来，就会出现各种各样的研究问题。比如，不仅可以研究省份对相应类型的归属程度，也可以判定它与其他类型的相似度，即划清各种类型的"模糊带"。科瓦利琴科与鲍罗德金的著作，借助农业发展的 19 个标志（变量），创建欧俄各省的多元概率分类，使这一问题得到了解决。①

此处又遇到了另一个问题，即如何界定社会农业结构中每种类型和亚类型的核心，并划定核心的"周围环境"（即一组省份，其特点是对该类型的归属程度较低、典型性不强）。该问题可以使用模糊分类搜索算法来解决。② 之所以选取该方法，是因为它有助于我们定义在某种意义上属于（或不属于）给定对象集的最优程度。这一问题中，原始信息是表示每个对象特征的量化数据值。

从包含 50 个省份、8 项指标值的海量原始数据中，我们提取出了那些属于所研究的社会农业结构类型（或亚类型）的省份的数据。针对这一省份集，我们借助模糊分类搜索算法，解决了类型归属程度（权重）的判定问题（即给出的聚类数等于 1）。该类型的核心由归属权重 μ 超过某个阈值的那些省份组成（$\mu = 0.50$）。而非

---

① Бородкин Л. И., Ковальченко И. Д., Вероятностная многомерная классиф-икация в исторических исследованиях. （По данным об аграрной структуре губерний Европейской России на рубеже XIX – XX вв.），– В кн.: Математические методы и ЭВМ в исторических исследованиях. М., 1984.

② Бородкин Л. И., Об одном подходе к построению размытой классиф-икации объектов социально – экономических систем. – В кн.: Системное моделирование социально – экономических процессов. Таллин, 1983, с. 116 – 117.

归属权重则代表了在该情况下对象的非典型性程度，以及它在社会农业结构八维特征空间中距离类心的远近。

由于社会农业结构地主类型中的波罗的海亚型仅有 3 个省份，所以对单独划定该亚型类核的问题不予研究（已界定全部 12 个地主类型省份的类核）。因此，对于分属社会农业结构的 4 个亚类型和 1 个主类型的 5 组省份来说，其类核及周围环境的界定问题得到了解决（见表 4－12）。

表 4－12 19～20 世纪之交欧俄地区社会农业类型 5 个分省组的内部结构

社会农业结构类型、亚型与构成省份	各省对亚类型的归属权重(μ)	各省对亚类型的非归属权重($1-\mu$)
地主型（西部型）		
1. 维尔纳省	1.00	0.00
2. 维捷布斯克省	1.00	0.00
3. 沃伦省	1.00	0.00
4. 基辅省	1.00	0.00
5. 明斯克省	1.00	0.00
6. 莫吉廖夫省	0.99	0.01
7. 波多利亚省	0.94	0.06
8. 科夫诺省	0.69	0.31
9. 格罗德诺省	0.41	0.59
10. 爱斯特兰省	0.21	0.79
11. 立弗兰省	0.15	0.85
12. 库尔兰省	0.13	0.87
农民型		
南部及东南部草原型		
1. 塔夫利达省	1.00	0.00
2. 赫尔松省	1.00	0.00

社会农业结构类型、亚型与构成省份	各省对亚类型的 归属权重（μ）	各省对亚类型的 非归属权重（1−μ）
农民型		
南部及东南部草原型		
3. 叶卡捷琳诺斯拉夫省	1.00	0.00
4. 萨马拉省	0.81	0.19
5. 顿河省	0.70	0.30
6. 奥伦堡省	0.23	0.77
7. 阿斯特拉罕省	0.14	0.86
东北型		
1. 沃洛格达省	1.00	0.00
2. 奥洛涅茨省	1.00	0.00
3. 阿尔汉格尔斯克省	0.31	0.69
4. 维亚特卡省	0.31	0.69
5. 喀山省	0.30	0.70
地主—农民型		
工业型		
1. 弗拉基米尔省	1.00	0.00
2. 科斯特罗马省	1.00	0.00
3. 雅罗斯拉夫尔省	1.00	0.00
4. 莫斯科省	1.00	0.00
5. 特维尔省	0.70	0.30
6. 下诺夫哥罗德省	0.60	0.40
7. 哈尔科夫省	0.40	0.60
8. 梁赞省	0.39	0.61
9. 卡卢加省	0.26	0.74
10. 波尔塔瓦省	0.20	0.80
11. 圣彼得堡省	0.16	0.84
农业型		
1. 沃罗涅日省	1.00	0.00

续表

社会农业结构类型、亚型与构成省份	各省对亚类型的归属权重(μ)	各省对亚类型的非归属权重($1-\mu$)
农业型		
2. 奥廖尔省	1.00	0.00
3. 奔萨省	1.00	0.00
4. 坦波夫省	1.00	0.00
5. 彼尔姆省	0.67	0.33
6. 辛比尔斯克省	0.58	0.42
7. 库尔斯克省	0.57	0.43
8. 普斯科夫省	0.47	0.53
9. 萨拉托夫省	0.46	0.54
10. 诺夫哥罗德省	0.37	0.63
11. 图拉省	0.36	0.64
12. 乌法省	0.31	0.69
13. 切尔尼戈夫省	0.30	0.70
14. 比萨拉比亚省	0.29	0.71
15. 斯摩棱斯克省	0.15	0.85

注：各省份按其从属于该类型的权重进行排序。

使用模糊分类搜索算法对所得结果进行分析（见表4-12），可以得出一些观察结果。

地主类型的核心省份有维尔纳省、维捷布斯克省、沃伦省、明斯克省和基辅省（对该类的从属权重 $\mu=1$），以及莫吉廖夫省和波多利亚省。

有趣的是，该类的核心还包括科夫诺省，虽然根据聚类分析的结果，该省并未被列入这一组（实际上，该省从属于类核的比重不是很高，$\mu=0.69$）。格罗德诺省也具有该类社会农业结构的特征，但程度很小。需要指出的是，波罗的海沿岸三省的归属权重不高（这些省份的 μ 值不超过 0.21）。正如先前聚类分析结果显示的那样，这可以看作将波罗的海三省单列出来作为社会农业结构的一个亚类型的补充论据。

正因如此，这个由 12 省构成的分组（见表 4 - 12）才能以社会农业结构（西部）地主型的两个亚型之一命名。如上所示，这两组地主型省份的特点是好地中贵族耕地的比例最高，但同时，对于波罗的海沿岸省份来说，社会农业结构的几项指标明显高于（4～8倍）地主型西部亚型省份的相应指标。这里主要是指农业雇佣劳动力的使用范围和强度、农民的租佃土地，以及多马户的比例。这些差异导致波罗的海沿岸各省变成了所研究的由 12 个省份构成的分组中的"非典型"代表。经计算，波罗的海沿岸三省的 μ 值（属于某亚型的程度）都很小，这有一个简单的几何解释。在社会农业结构的八维特征空间中，这三省所对应的点与此类对象群中心相距遥远。但即使 μ 值等于1，也不是说对应省份（该情形指的是维捷布斯克省、维尔纳省、沃伦省、基辅省、明斯克省）完全属于有关类型，更不是说不能与其他类型的社会农业结构具有相似的特征。而是说所列省份具有该类型的特征，构成其核心，这些省份的 8 个特征值接近于该类型省份相应特征的加权平均值。

社会农业结构的农民类型又分为两个亚型。南部和东南部草原亚型的核心省份有：塔夫利达省、赫尔松省、叶卡捷琳诺斯拉夫省（$\mu = 1$）以及萨马拉省和顿河省。奥伦堡省（$\mu = 0.23$），特别是阿斯特拉罕省（$\mu = 0.14$）对该亚型的归属程度与它们有着巨大差别。此处需指出，根据聚类分析的结果，阿斯特拉罕省没有被直接列入该种类。

东北亚型的核心包括沃洛格达省和奥洛涅茨省（$\mu = 1$）。核心的周围环境包括维亚特卡省、阿尔汉格尔斯克省和喀山省（$\mu \geq 0.30$）。

现在，我们来分析一下地主—农民类型省份的分类结果，它所涵盖的省份数量最多（26 个）。

工业亚型的省份由 3 个分组所代表。类核包括第二组的全部 5 个省份和第一组的一个省份：弗拉基米尔省、科斯特罗马省、雅罗斯拉夫尔省、莫斯科省（$\mu = 1$）、特维尔省、下诺夫哥罗德省。该亚型中最不典型的是第三组的省份，其中有波尔塔瓦省和圣彼得堡省（$\mu \leq 0.20$）。因此，该亚型的社会农业结构主要取决于中央工业区的各省份。

农业亚型的省份（数量为 15 个）也由 3 个分组所代表。该亚型中典型性最强的省份（其中 $\mu = 1$）分属第一组和第三组，最不典型的是第二组的省份，其中 μ 的平均值为 0.39。该亚型的核心有沃罗涅日省、奥廖尔省、奔萨省、坦波夫省（$\mu = 1$），以及彼尔姆省、辛比尔斯克省和库尔斯克省。典型性次之的分别是图拉、乌法、切尔尼戈夫、比萨拉比亚和斯摩棱斯克等省（$\mu \leq 0.36$）（明显倾向于其他类别，即具有"过渡性"）。总的来说，农业结构中农业亚型的社会面貌取决于中部黑土区的省份，它们构成了该亚型的核心。

＊＊＊

我们运用模糊集理论，分析了 19~20 世纪之交欧俄社会农业结构的类型学成果。分析表明，这些成果通过引入对每组对象典型性程度的定量评估，提升了多元分类的解释力。考虑到各省对社会农业结构相应类型的归属程度的估计，所得结论适用于 19～20 世纪之交俄国区域农业史研究的各个方面。

第五节　以问题为导向的欧俄各省分类法
（识别法的运用）

在使用以多元自动分类算法为基础的方法为欧俄各省进行类型学分组时，人们未曾考虑任何关于待分类对象类别的先验信息。而且，只有在分类结果的解释阶段，研究人员才用到了所研究系统的本质概念。

然而，多元分类问题也可以有另一种设定。假设种类（它们的实质含义）是已知的，并存在一个训练样本即对象的集合，其中，对象及每一个对象属于哪个种类是已知的。在这种情况下，以训练样本为基础，就形成了对象的归类规则（决定性规则），而后根据该规则，可以识别所有的现有对象，即确定它们属于哪一种类。这就是模式识别方法的运用。

通过聚类分析，我们揭晓了 19～20 世纪之交欧俄各省的社会农业类型学结果，定义了每种类型、亚类型的"核心"，并由此衍生了一个新的问题：在地主类型和农民类型的两种社会农业结构类型中，哪一种更类似于第三种——地主—农民类型的社会农业结构类型？后者能够更加生动地体现资产阶级农业演进两条道路之间的纵横交错。

模式识别法是解决该问题的方法之一。如果我们将一些明显属于资产阶级农业演进的地主类型的省份，以及几个具有鲜明的农民类型特征的省份纳入训练样本，那么在模式识别法的帮助下，就可以判断出每一个待研究省份接近于哪种类型。

在本研究中，我们将使用一种新的判别分析方法。① 与其他判别分析方法相同，这里我们的任务是找到一种线性判别函数，使得训练样本中的对象识别误差最小。一个特别之处在于，在本研究所使用的判别分析算法中，对于每个对象，它的归属程度都可以算出。因此，如果一个对象被置于判别轴的中线上（位于由训练样本决定的两类的中心之间），那么它则归属于两类，且归属程度（权重）相同，均等于 0.5。一个对象在判别轴上越接近于种类的中心，对该种类的归属权重值就越接近 1。

为了运用该方法来揭示两种资产阶级农业演进类型之间的关系，我们选取了 8 项指标，并在此基础上构建出了欧俄各省的社会农业类型学。然而，鉴于所使用的雇工数据仅指长期雇工，但在草原地区，大部分农业雇工都是临时工，所以雇佣劳动力使用情况的两项指标被排除在外。

因此，代表农业结构社会方面的这套指标总共有 6 项。

（1）好地中贵族耕地的比例（%）；

（2）出售的私人土地和土地总数的比例（%）；

（3）租佃土地和份地的比例（%）；

（4）无马户和有一匹马的农户的比例（%）；

（5）有四匹及以上马的农户的比例（%）；

（6）收获季节农业工人的计日工资（戈比）。

---

① Бородкин Л. И., Стадник О. Е., Алгоритм построения решающего правила в задаче распознавания образов с использованием размытых множеств. - Автоматика и телемеханика, 1985, № 11. Этот алгоритм дал лучший результат（по сравнению с опубликованными результатами）в известной тестовой задаче Фишера по многомерной классификации 150 объектов. Соответствующая программа для ЭВМ составлена О. Е. Стадником.

　　训练样本包括以资产阶级农业演进的地主类型（"普鲁士式"）为主的 4 个省份（爱斯特兰省、库尔兰省、立弗兰省和科夫诺省），和农民类型（"美国式"）明显占优势的 6 个省份（赫尔松省、塔夫利达省、叶卡捷琳诺斯拉夫省、顿河省、萨马拉省和奥伦堡省）。需要输入计算机的除了 6 个指标值外，还有一些相关信息，比如训练样本中的 10 个省份各自属于两个种类中的哪一个。因此，我们在上述指标的六维空间中构建了一个方程 2 - 10 式的判别轴（见第二章），轴上，训练样本中的 10 个省份被明确划分为两大对应种类。随后，机器依次呈现已知 6 个指标值的全部 50 个对象（省份）。将这些指标值代入方程 2 - 10，可以计算出该对象的判别函数值，继而获悉两类中心在判别轴上的位置，由此得出每个对象对两个种类的归属权重。①

　　判别函数值如若增加，对地主类型的归属程度就会相应增加，其值如若减少，资产阶级农业演进中农民类型则占据主导地位（见表 4 - 13）。从训练样本中得到的判别轴上的类中心坐标是 5.80（对于地主类型）和 - 46.05（对于农民类型）。

表 4 - 13　19 ~ 20 世纪之交俄国资产阶级农业演进两条道路的关系

省份	对类型的归属权重		判别式函数值
	农民类型	地主类型	
阿尔汉格尔斯克省	1.00	0.00	- 53.46
阿斯特拉罕省	1.00	0.00	- 37.55
比萨拉比亚省	0.56	0.44	- 16.21

---

①　在解释归属权重值时，应该考虑到，它们是根据训练样本中的"标准"对象来定义的，在这种情况下，它们不是"纯"类型。因此，如果某个省份对地主类型的权重值等于 1，并不意味着该省份具有资产阶级农业演进纯"普鲁士式"的特征。这里指的应该是农业发展中的主导地位。

续表

省份	对类型的归属权重		判别式函数值
	农民类型	地主类型	
维尔纳省	0.00	1.00	15.48
维捷布斯克省	0.00	1.00	2.47
弗拉基米尔省	1.00	0.00	− 42.04
沃洛格达省	1.00	0.00	− 31.24
沃伦省	0.00	1.00	5.05
沃罗涅日省	0.97	0.03	− 27.94
维亚特卡省	0.99	0.01	− 29.69
格罗德诺省	0.00	1.00	11.71
顿河省	1.00	0.00	− 66.53
叶卡捷琳诺斯拉夫省	1.00	0.00	− 50.91
喀山省	0.80	0.20	− 21.19
卡卢加省	1.00	0.00	− 32.09
基辅省	0.01	0.99	− 0.80
科夫诺省	0.10	0.90	− 6.09
科斯特罗马省	0.99	0.01	− 29.32
库尔兰省	0.07	0.93	− 4.99
库尔斯克省	0.91	0.09	− 24.76
立弗兰省	0.00	1.00	4.38
明斯克省	0.00	1.00	20.55
莫吉廖夫省	0.01	0.99	0.28
莫斯科省	1.00	0.00	− 39.61
诺夫哥罗德省	0.80	0.20	− 21.07
下诺夫哥罗德省	0.84	0.16	− 22.23
奥洛涅茨省	1.00	0.00	− 44.14
奥伦堡省	1.00	0.00	− 37.32
奥廖尔省	0.43	0.57	− 13.83
奔萨省	0.35	0.65	− 12.28
彼尔姆省	0.41	0.59	− 13.47

省份	对类型的归属权重		判别式函数值
	农民类型	地主类型	
圣彼得堡省	0.56	0.44	− 16.15
波多利亚省	0.00	1.00	13.17
波尔塔瓦省	0.43	0.57	− 13.88
普斯科夫省	0.54	0.46	− 15.68
梁赞省	0.99	0.01	− 30.40
萨马拉省	1.00	0.00	− 35.32
萨拉托夫省	0.92	0.08	− 25.17
辛比尔斯克省	0.60	0.40	− 17.02
斯摩棱斯克省	0.50	0.50	− 15.17
塔夫利达省	1.00	0.00	− 46.41
坦波夫省	0.80	0.20	− 21.11
特维尔省	1.00	0.00	− 31.18
图拉省	0.77	0.23	− 20.53
乌法省	0.75	0.25	− 19.98
哈尔科夫省	0.94	0.06	− 26.15
赫尔松省	1.00	0.00	− 37.63
切尔尼戈夫省	0.39	0.61	− 13.13
爱斯特兰省	0.00	1.00	27.00
雅罗斯拉夫尔省	1.00	0.00	− 36.97

为了解释识别的结果，我们同以前一样，引入归属权重的阈值 $\mu_0 = 0.50$。如果一个对象的归属权重大于阈值即 $\mu_i > 0.50$（$i = 1$，2），我们则认为，该对象属于该类。

根据这一规则，由表 4 − 13 可知，就资产阶级农业演进的类型而言，在 50 个省份中，地主类型占主导地位的有 17 个省份，农民类型占主导地位的有 32 个省份（斯摩棱斯克省对两种类型的归属权重相等：$\mu_1 = \mu_2 = 0.50$）。这 17 个省份包括波罗的海沿岸亚型和西部亚型的全部 12 个省份，根据聚类分析的结果，这些省份合并为一个类型，统称为社会农业结构的地主类型。值得注意的是，根据聚类分析的结果，17 个省中的其余 5 省都被归到了地主—农民类型，其中奥廖尔省、奔萨省、切尔尼戈夫省和彼尔姆省属于农业亚型，只有波尔塔瓦省例外，属于工业亚型。其特点是，这 5 个省份对"普鲁士式"资产阶级农业演进的归属权重，远远低于 12 个省份对地主型社会农业演进两个亚型的归属权重。

属于资产阶级农业演进农民类型的共有 32 个省份，草原亚型和东北亚型的 12 个省份全部归于其中，且归属权重很高，它们统一成一个类型，称为社会农业结构的农民类型（见表 4－11）。这 12 个省（见表 4－13）对资产阶级农业演进"美国式"的归属权重最高。此外，这一种类还包括社会农业结构中的地主—农民类型工业亚型的10 个省份（即除一省外的所有省份）和其余 10 个农业型省份。

19～20 世纪之交欧俄地区资产阶级农业演进的研究结果，使我们对两条道路潜在能力之间的关系有了一些（当然是大概的）认识。所得结论之所以是估约的，是因为我们只使用了社会农业结构的 6 个具体指标，并未涵盖所研究问题的全部方面。

鉴于本书的方法论倾向，我们得出了一个重要结论，在社会经济史研究中，模式识别方法为构建以问题为导向的分类法提供了适宜的工具。自动分类和模式识别法的结果具有显著一致性，也证实了该结论。

第五章
19～20 世纪之交欧俄地区
农业发展的结构与水平

　　研究 19～20 世纪之交欧俄各省的类型学分区问题，不只限于弄清总体农业类型和社会农业类型，还有一些亟待解决的其他问题。按重要程度紧随其后的问题是，如何开展更加深入的研究，揭示各省类型学分组的共同点和具体特征。为此，首先需要找出这些地区内部结构所固有的基本特征和综合因素，其次是要鉴别每个地区的比较发展水平。

　　我们发现，从 19 个农业发展指标中挑出个别指标，并据此对典型地区进行比较，可以找出这些地区的特点。然而，每个具体指标都只是说明了一个更综合、更重要的因素的一个非常重要却相对局部的方面。比如好地中贵族耕地的比例、按人口计算的份地面积、租佃土地和份地的比例等指标（此列表可以延续），反映了一个更综合的因素的不同方面，谓"土地关系的性质"。同样，我们还可以列举一些具体指标的名称，进而揭示这类重要农业发展因素的各个方面，比如"农业发展水平"等。显然，上文中的综合因素

是无法通过直接测量得到的，也就是说，相关资料并没有出现关于
各省和地区"农业发展水平"或"土地关系的性质"的数据。同
时，为了比较分析分区后的典型地区的农业发展结构和水平，使用
这种类属（在对内容做出具体说明的条件下）是十分合理的，而且
创造了必要的概括水平。

因子分析为构建类型学分组结构的综合特征、确定其发展的比
较水平提供了适当的工具。本章旨在介绍科瓦利琴科和鲍罗德金二
人运用因子分析解决上述问题的主要合作成果。[1]

第一节　原始数据与分析方法

在揭示欧俄各省的总体农业类型时，我们共划分出了 6 种类型
（非黑土、中部黑土、南部草原、波罗的海沿岸、首都、北部）所
代表的 17 个地区。无论是对这些地区和类型的内部结构的分析，
还是对其发展水平的评估，我们都是以 19 个指标为基础，划分出
了相应的类型学区域。该研究旨在以最总括的方式，从农业发展的
主要方向和特点的角度，揭示欧俄各省的农业类型、结构和发展
水平。

这里所用方法的实质是，从 19 个指标转为较小数量的指标，
但这些量可以加深对各地区农业结构的分析，并能取得说明各省份
和地区的农业结构及其发展水平的完整的、总括性特征。这些特征

---

① Ковальченко И. Д., Бородкин Л. И., Структура и уровень развития районов Европейской России на рубеже XIX – XX вв. （Опыт многомерного анализа）/ И. Д. Ковальченко, Л. И. Бородкин// История СССР. 1981. No. 1, с. 76 – 99.

既可以是某些方面的（例如，在土地关系的性质方面，或资产阶级发展的程度方面），也可以是整体的，如 19 个指标所涵盖的农业关系的全部领域。

此类问题可以使用因子分析方法，通过"压缩"原始信息加以解决。这种"压缩"的本质是要找出能够反映各省农业结构特点且隐藏在相关具体特征之后的主要因素。找出主要因素，一方面可以使所研究的结构更加清晰；另一方面，可以揭示反映每个因素相对发展水平的综合量化指标。有了这样的集成性指标，就为推断各省及其类型学分组的农业发展比较水平的综合指标开辟了道路。

在此我们只研究使用因子分析方法时出现的部分方法论问题。

该研究主要采用社会经济研究中普遍流行的参数极值曲线分组法。① 这种方法（以及因子分析的其他方法）的主要结果以因子载荷和因子权重的集合来表示。需要提醒的是，正因子权重对应的省份，其属性的表现程度高于欧俄平均水平，而负因子权重对应的省份，其属性的表现程度低于平均水平。②

该研究使用某一因子的所有特征的因子载荷的绝对值之和 S_j，表示每个因子的显著性和"紧凑性"。该参数（称为总因子载荷）的值越大，该因子的特征的数量就越多，这些特征与该因子的关系就越密切。

---

① Браверман Э. М. , Методы экстремальной группировки параметров и задача выделения существенных факторов. – Автоматика и телемеханика, 1970, № 1, с. 97 – 108; Жуковская В. М. , Мучник И. Б. , Факторный анализ в социально – экономических исследованиях. М. , 1976.

② Алгоритм метода экстремальной группировки параметров позволяет вводить определенные ограничения в процессе формирования групп признаков. Исходя из линейной модели связи признаков каждой группы со "своим" фактором, мы учитывали при формировании групп нелинейный характер связи содержательно ценных признаков 8, 9 и 10.

为了描述对象（这里指省份）组在有关方面的发展水平，我们引入组指数 I_j。它等于研究组的对象根据因子 f_j 计算出的因子权重的平均值。反映对象组发展水平的总组指数 I（考虑所有因子），是根据所有因子计算出的指数 I_j 的加权和。

使用本研究中的因子分析方法，可以找出各种数量的因子。它们的个数从 1 到本身的特征数不等。因此，我们必须判断因子的数量，并在此基础上分析所研究地区的结构及其发展水平。要解决这一问题，首先要考虑历史内容原则和方法论原理。

因子数量问题的具体解决方案取决于研究任务，尤其是研究者认定的最佳概括程度。这时，应该考虑不同数量的因子所解释的特征的总方差的比例。如果因子数量增加，这一比例显著增加，那么就必须增加因子的数量。反之，如果比例增长不明显，那么增加因子的数量就没有意义。

假设有 19 个指标，那么就可以分出 1～19 个因子。在最后一种情形下，每个特征都是一个独立的因子，因子载荷等于 1.0，即因子载荷的最大总权重是 19.0。在分析过程中，根据上述 19 个指标，我们初步找出了 1、3、5 和 7 个因子。基于对因子本质的历史内容分析，以及因子载荷总集与其最大权重的关系，我们得出结论，在分析 19～20 世纪之交欧俄各省和地区的农业结构和农业发展的比较水平时，找出 5 个因子就能得到最佳结果。

第二节　19～20世纪之交欧俄各省农业
发展的综合指标分析

科瓦利琴科和鲍罗德金在已有研究中详细分析了参数极值分组

法的应用结果，相继找出了欧俄各省发展的 3 个因子（综合指标）。① 结果表明，选取 3 个因子，已经使得对农业结构的分析更加有意义、更加深入了。现在，我们来探讨一下 5 个因子的结果（见表 5 – 1）。

表 5 – 1　因子及代表性特征

Ⅰ. 农业发展水平与农民分化性质	因子载荷
1. 无马户和有一匹马的农户的比例(%)	– 0.88
2. 按人口计算的马匹(匹)	0.88
3. 有四匹及以上马的农户的比例(%)	0.86
4. 按人口计算的播种面积(俄亩)	0.85
5. 按人口计算的粮食和马铃薯收获量(普特)	0.82
指标的总绝对因子载荷	$S_1 = 4.29$
Ⅱ. 畜牧业的生产强度	
1. 按一俄亩播种面积计算的产畜(头、只)	0.86
2. 按一俄亩播种面积计算的马匹(匹)	0.76
3. 黑麦的秋季价格(戈比/普特)	0.75
4. 一俄亩土地的价格(卢布)	– 0.65
5. 一俄亩耕地的租金(卢布)	– 0.60
指标的总绝对因子载荷	$S_2 = 3.62$
Ⅲ. 农业的资本化和集约化	
1. 雇佣工人和当地工人的比例(%)	0.98
2. 每俄亩播种面积的雇佣工人(人)	0.92
3. 每俄亩的谷物单产(普特)	0.64
指标的总绝对因子载荷	$S_3 = 2.55$

---

① Ковальченко И. Д., Бородкин Л. И., Структура и уровень развития районов Европейской России на рубеже XIX – XX вв. (Опыт многомерного анализа) / И. Д. Ковальченко, Л. И. Бородкин// История СССР. 1981. No. 1, с. 76 – 99.

续表

Ⅳ. 土地关系的性质	
1. 按人计算的份地(俄亩)	0.74
2. 好地中贵族耕地的比例(%)	− 0.84
3. 租佃土地和份地的比例(%)	− 0.66
指标的总绝对因子载荷	$S_4 = 2.24$
Ⅴ. 农民和农业工人的状况	
1. 按人口计算的产畜(头、只)	0.81
2. 收获季节农业工人的计日工资(戈比)	0.65
3. 出售的私人土地占总面积的比例(%)	0.57
指标的总绝对因子载荷	$S_5 = 2.03$
5 个因子指标的总绝对因子载荷,S	14.73

首先要注意的是,所有 19 个特征都与对应因子密切相关(指标因子载荷的最低相关系数为 0.57)。采用 3 因子法时,其中有 3 个指标的因子载荷小于 0.40,因子载荷的总权重也有所增大。对于所有 5 个因子,该值等于 14.73,占可能极限的 77.5% (对于 3 个因子,为 66.3%)。因此,从方法论的角度来看,挑出 5 个因子是非常合理的。但更为重要的是,这 5 个因子从历史内容层面上清晰透彻地描述了各省的农业结构。

第一个综合因子反映了农业的发展水平,其权重最高($S_1 = 4.29$)。播种规模、按人口计算的粮食收获量指标的因子载荷值很高,足以说明这一点。由此可以看出,农业发展水平最高的是最贫穷的农民比例较低、最富有的农民比例较高、役畜供应充足的地区。

畜牧业的特征因子根据权重占据了第二位（3.62）。与该因子联系最紧密的是反映畜牧业对耕地的集约化程度的指标（每俄亩播种面积的产畜数量）。同时，该因子也揭示了农业的生产和技术水平，因为它包括了每俄亩播种面积的马匹数量指标。该因子中包含的其他特征表明，在那些畜牧业生产强度较大的地区，农产品的价格更高，土地价格和租金更低。在畜牧业专业化、集约化的条件和趋势下，这是很自然的。起决定作用的还有土地资金的使用方式，而不是其数量。由此可见，土地价格和租金都更低。

排名第三的权重（2.55）是反映资本化程度的因子，即农业的资本化和集约化程度。和该因子关系最大的指标是使用农业雇佣劳动力的总体规模（雇佣工人和当地工人的比例）、与耕地有关的使用强度（每俄亩播种面积的雇佣工人）。这些指标的含义和意义是显而易见的。有趣的是，上述因素还说明了粮食产量的高低。归根结底，农业资本主义发展的范围越广、深度越大，与农业集约化相关的产量就越高。这就意味着农业资本主义的发展常伴随着农业生产的集约化。

揭示土地关系性质的因子根据权重位列第四（2.24）。农民人均份地的规模与该因子有着直接的关系。至于贵族土地所有权（好地中贵族耕地的比例），作为一个组成部分，对土地关系的性质产生了消极影响（该指标与土地关系的性质有着非常密切的联系，但呈负相关）。农民的土地租赁（租佃土地和份地的比例）虽然对土地关系的性质影响程度较小，但也有负面影响。如果贵族土地的膨胀影响份地的规模（贵族土地所占的份额越小，则份地的规模越大），那么就需要大量的租金支出（份地多的地方租金也较低）。

贵族土地和租佃的扩张，对农民经济这一农业生产的主要组织形式产生了负面影响。

最后，土地关系结构中的第五个因子（$S_5 = 2.03$）反映了农民和农业工人的状况。衡量农民状况的指标是按人口计算的产畜数量；衡量雇佣工人状况的指标是计日工资。两个指标都与该因素有着直接、密切的关联，也就是说，在产畜的供应程度和计日工资较高的地方，农民和工人的状况会更好。在农民状况较好的地区，雇工的状况较好，这也是很符合逻辑的。这些地区的特点是，私人土地的流动性更强。出售的私人土地占总面积的比例这一因子与之有着直接且相当密切的联系（0.57），以此为证。

因此，就历史内容而言，一共挑出五个因子似乎颇有道理。这样一来，比起三个因子，我们可以对各省和地区的农业结构进行更广泛的分析，视野也更全面，从波罗的海沿岸和南部草原地区的例子中，就可以清楚地看出这一点（见表5-2）。

表5-2 19～20世纪之交波罗的海沿岸和南部
草原区的农业发展结构与水平

因子	地区因子比重（I_j）	
	波罗的海沿岸	南部草原
Ⅰ	0.27	1.04
Ⅱ	0.24	-0.23
Ⅲ	0.98	-0.14
Ⅳ	-0.34	0.00
Ⅴ	0.08	0.40
Ⅰ～Ⅴ的平均数	0.264	0.276

我们可以看出，南部草原地区的农业发展水平比波罗的海沿岸地区高得多。波罗的海沿岸地区的畜牧业集约化程度相当高，而南部草原地区的集约化程度远远低于平均水平。波罗的海沿岸地区的另一个特点是资本化和农业集约化程度非常高，而南部草原地区的这一因素低于平均水平。根据土地关系的性质，南部草原地区处于平均水平，而波罗的海沿岸地区远远低于平均水平。最后，在波罗的海沿岸地区，农民和农业工人的状况只是略高，而南部草原地区则远远高于平均水平。简而言之，这些地区的农业结构差异很大。总的来说，它们的农业发展水平几乎相同（南部草原地区稍高，两者指数为 0.276 Vs. 0.264）。

在分析 19~20 世纪之交欧俄各省和地区农业发展的结构和总体水平时，根据 19 个指标选出 5 个因子是最佳选择。另行增加因子数量是不合适的。首先会导致因子的分裂。比如，当选出 7 个因子，其中一个因子仅有一个指标，而 3 个因子各有 2 个指标；同时，还有一个因子有 6 个指标。因此，我们得到的因子体量不同，在反映农业结构不同方面的具体程度上也有很大的差异。另外，总因子载荷权重的增加似乎也不显著。因此，在从 3 个因子过渡到 5 个因子的过程中，总因子载荷权重从 66.3% 增加到 77.5%，而在挑选出 7 个因子时，它只增加到 83.3%。

在电子计算机上使用参数极值分组法对原始数据进行处理，我们分别得到了 50 个省份的 5 个因子的因子权重。正如我们已经指出的，它们是表示各省的每个因子的相对发展水平的指数。根据因子权重，得出所有 5 个因子的平均加权指数，或平均因子权重。

科瓦利琴科和鲍罗德金在文章附录中给出了各省的每个因子的指数和所有因子的平均值。①

根据各省的指数，还得出了各地区各因子的平均指数，以及5个因子的综合平均加权指数。它们与各省指数列在同一附录内。这些数据是分析19~20世纪之交欧俄各省和地区农业发展结构与比较水平的基础。

第三节 地区和各省的农业结构

我们找出的第一个因子，代表了农业经济的主要领域——农耕的发展水平。在欧俄17个地区中（见表5-3），两个非黑土区、三个中部黑土区、两个草原区和波罗的海沿岸区的发展水平超过欧俄平均水平。农业发展水平较高的是南部草原区（1.04）、东南部地区（0.35）、波罗的海沿岸区（0.27）和中南部黑土区（0.26）。9个区的农业发展水平低于欧俄平均水平。最低的是圣彼得堡区（-0.86）、莫斯科区（-0.86），然后是北部地区（-0.69）和中央工业区（-0.54）。如果单独研究每个省份的农业发展水平，那么水平最高的是塔夫利达省（1.51），而较低的是阿斯特拉罕省（-0.88）、圣彼得堡省（-0.86）和莫斯科省（-0.86）。

在最普遍的情况下，即就农业结构的宏观类型而言，草原区（0.74）和波罗的海沿岸区（0.27）的农业发展水平高于平均水平。众所周知，前者的特点是粗放型耕作，而后者的特点是集约型耕作。

---

① Там же, с. 97-98.

表 5-3　19~20 世纪之交欧俄地区农业发展的结构和水平

地区	因子比重(指数)				
	I	II	III	IV	V
I．农业结构的非黑土类型					
1. 中央工业区	-0.54	0.10	-0.05	0.09	-0.02
2. 西北地区	-0.37	0.44	-0.09	0.12	0.03
3. 西部地区	-0.39	0.14	-0.07	-0.15	-0.05
4. 中西部地区	0.13	0.09	-0.12	-0.07	-0.02
5. 乌拉尔附近地区	0.19	-0.22	-0.11	0.20	-0.08
非黑土类型	-0.18	0.13	-0.09	0.02	-0.03
II．农业结构的中部黑土类型					
6. 中部黑土区	0.19	-0.41	-0.12	-0.06	-0.13
7. 伏尔加河中游地区	-0.19	-0.19	-0.18	0.07	-0.22
8. 中南部黑土区	0.26	-0.32	-0.19	-0.03	-0.10
9. 左岸地区	-0.27	-0.45	-0.07	-0.08	0.07
10. 西南地区	-0.26	-0.37	0.08	-0.14	-0.26
11. 比萨拉比亚地区	0.24	-0.23	-0.06	-0.03	-0.07
中部黑土类型	0.09	-0.31	-0.10	-0.03	-0.13
II．农业结构的草原类型					
12. 南部草原区	1.04	-0.23	-0.14	0.00	0.40
13. 东南部地区	0.35	0.09	-0.11	0.24	0.19
草原类型	0.74	-0.09	-0.13	0.10	0.31
III．农业结构的波罗的海沿岸类型					
14. 波罗的海沿岸区	0.27	0.24	0.98	-0.34	0.08
IV．农业结构的首都类型					
15. 圣彼得堡区	-0.86	0.62	0.12	-0.06	-0.11
16. 莫斯科区	-0.86	0.16	-0.07	-0.01	-0.11
首都类型	-0.86	0.39	0.02	-0.04	-0.11
VI．农业结构的北部类型					
17. 北部地区	-0.69	1.07	0.16	0.52	-0.04

　　第二个因子，反映了畜牧业发展的水平，也是农业结构的生产和经济方面的特点。畜牧业发展水平较高的是北部地区、圣彼得堡区和西北地区。然后是波罗的海沿岸区、莫斯科区、西部地区、中央工业区、东南部地区和中西部地区。在其余地区，这一水平低于平均水平。左岸地区、中部黑土区、西南地区和中南部黑土区的畜牧业集约化水平较低。

　　按单个省份来看，阿尔汉格尔斯克、奥洛涅茨、圣彼得堡、诺夫哥罗德、沃洛格达、普斯科夫和阿斯特拉罕省的畜牧业水平较高。水平较低的是库尔斯克和波尔塔瓦省。

　　就农业结构的宏观类型而言，非黑土类型、波罗的海沿岸类型、首都类型和北部类型，即欧俄大部非黑土带的畜牧业水平高于平均水平。

　　第三个因子反映了农业资本主义在其最发达形式中的发展程度，因为原始指标仅考虑了长期雇工。

　　就农业资本主义的发展水平和农业的集约化程度而言，波罗的海沿岸区远远领先于其他地区。这一水平也高于北部地区、圣彼得堡区和西南地区的平均水平。如果考虑到1897年的人口普查数据只包括长期工人，而在南部草原区，临时雇佣劳动力使用得最为广泛，那么草原地区也是农业经济中雇佣劳动力使用水平高于平均水平的地区之一。农业经济中长期雇佣劳动力使用较少的是中南部黑土区、中部黑土区、中西部地区和乌拉尔附近地区。除了属于波罗的海沿岸区的爱斯特兰、立弗兰、库尔兰和科夫诺省使用长期农业雇工较多之外，在阿尔汉格尔斯克、圣彼得堡和雅罗斯拉夫尔省，即主要在畜牧业集约化程度较高的非黑土带各省，这一水平也远远高于平均水平。这很好理解，因为畜牧业在很大程度上比种植业更需要长期雇工。

喀山、萨马拉、沃罗涅日和哈尔科夫省的长期农业雇工使用指数较低，这些省份的畜牧业集约化水平较低。

第四个因子反映了土地关系的性质。在北部地区、东南部地区和乌拉尔附近地区，即在贵族土地占比最低的欧俄边界地区，农民拥有的份地比例较高。对农民来说，土地关系较紧张的地区是波罗的海沿岸区、西部地区和西南地区，因为在那里，地主型的（"普鲁士式"）的资产阶级土地演进趋势占据主导地位。

对于单独的省份来说，阿尔汉格尔斯克、奥伦堡、沃洛格达、维亚特卡、奥洛涅茨、乌法等省的土地关系结构对农民来说相对友好，而爱斯特兰、明斯克和立弗兰等省则对他们较为不利。

第五个因子除了说明土地关系外，也描述了土地结构对直接生产者——农民和农业雇工的有利程度，反映了农民和农业工人的状况。状况较好的是南部草原区和东南部地区。左岸地区、波罗的海沿岸区和西北地区也略高于平均水平。西南地区和伏尔加河中游地区的水平较低。其余地区略低于平均水平。

根据第五个因子，在顿河、奥伦堡、叶卡捷琳诺斯拉夫和塔夫利达省，农民和雇佣工人的状况较好，而在格罗德诺、波多利亚、喀山、维亚特卡和基辅省，农民和雇佣工人的状况较差。

因此，对19~20世纪之交欧俄农业结构的因子分析，使我们能够确定其主要特征及其在一些地区和个别省份的发展程度。这些地区和省份在某些方面可能是"领先的"，而在其他方面则是"落后的"，也就是说，我们可以从总体农业结构中窥视其复杂的组成部分。因此，厘清农业结构各因子之间的关系意义非凡。这里需要提醒的是，与因子分析的其他方法不同，参数极值分组法中的因子不是正交的，也就是说，它们之间的相关关系可能是非零的（见表5-4）。

表5-4 19～20世纪之交欧俄农业结构各成分之间的相互关系

因子序号	因子	相关系数				
		I	II	III	IV	V
I	农业发展水平与农民阶级分化特征	1.00	-0.48	0.00	0.07	0.48
II	畜牧业集约化	-0.48	1.00	0.34	-0.21	0.13
III	农业资本化与集约化	0.00	0.34	1.00	0.37	0.07
IV	农业关系特征	0.07	-0.21	0.37	1.00	-0.10
V	农民与雇工的地位	0.48	0.13	0.07	-0.10	1.00

关于19～20世纪之交欧俄农业结构中主要成分之间的关系，有这样一些重要解释思路。

农业发展水平与畜牧业集约化的强度呈强烈负相关关系（-0.48）。农业发展水平越高，畜牧业相对于农业的强度就越小，农业本身的集约化水平就越低（因为粮食产量较高的地方，畜牧业集约化的强度也较高）。这两个因子反映了总体农业结构的生产和经济方面，二者间相互关系的这种特点，是因为农业发展水平最高和畜牧业集约化强度最高的地区是不同的地区。农业发展水平最高的是黑土区，而畜牧业的集约化在欧俄的非黑土区尤为明显。

农业发展水平对农民和农业雇工的状况有着直接影响。这些因子之间的关系是直接的，且相当密切（0.48）。在农业发展水平较高的地区，农民和农业雇工的状况要好得多（平均而言）。

第二个因子代表了畜牧业集约化的强度，除了与农业水平呈反比外，还与资本主义关系的发展有着不大却直接的关系（0.34）。在畜牧业集约化强度较高的地方，出现了大量使用长期雇佣农工的趋势。畜牧业集约化的强度与土地关系的性质（-0.21）以及农民和雇佣工人的状况（0.13）之间的相关性很低。

第三个因子反映了资本主义关系的发展，除了与畜牧业集约化的强度有微弱但直接的关联外，还与土地关系的性质有类似的关联（0.37）。更广泛地使用长期雇佣工人，是对农民更有利的土地关系特点。因此，即使我们通过长期雇佣工人的使用情况这样一个非常限定的指标来判断农业资本主义的发展水平，在土地关系的性质有利于资产阶级进步的地方，也就是在地主土地被加速消灭、全部土地转让给农民的地方，这种水平仍是比较高的。在这里，因子分析令人信服地具体证实了列宁关于俄国土地关系的结论。

19~20世纪之交欧俄农业结构各成分间相互关系的总体图景，同结构本身一样相当复杂，但正如我们所见，也有着某些鲜明的特征。

总的来说，因子分析可以分离出某一地区内各省农业结构的主要方面，揭示它们在整个农业关系体系中的相互关系，从而具体论证并大大深化对这些关系的分析。

第四节 欧俄地区农业发展水平的比较

对欧俄各省和地区的因子权重的分析表明，各地区在农业结构的某些方面可能是"领先的"，而在其他方面则是"落后的"。这就需要引入一个综合的、总括性的指数，使该指数在全面考虑五个因子的影响下，代表各地区的农业发展程度。为此，科瓦利琴科和鲍罗德金在研究中引入了综合指数 I。[①] 在解决这个问题时，根据指数 I 的数值，得出了17个欧俄类型学分区的排序。

---

① Там же, с. 87.

在此，我们只探讨农业发展总体水平较高的地区：（1）南部草原区（0.28）；（2）波罗的海沿岸区（0.26）；（3）东南部地区（0.17）；（4）北部地区（0.16）。重要的是，在这4个地区中，资产阶级农业演进的农民类型占主导地位的地区有3个。在比较各省的综合指数值 I 时，也有同样的效果。因此，I 值较高的省份有：（1）立弗兰（$I=0.47$）；（2）塔夫利达（0.42）；（3）顿河（0.39）。如果我们将此列表扩展到5个省，那么它将包括（4）奥伦堡（0.37）；（5）库尔兰（0.34）。因此，在综合指数值较高的省份中，属于农民型资产阶级土地结构的省份也占优势。

我们既按每个因子，也从整体上分别比较了欧俄各地区和各省农业发展的水平，其结果清楚地表明了资本主义所固有的社会经济发展的区域不平衡性。揭示这种不平衡性，为深入分析农业发展的社会经济及其他方面（农村的阶级斗争、专制制度的土地政策、农民的日常生活和文化等）创造了机会。

正如我们所见，因子分析不仅有助于描述农业结构的主要成分，确定它们的重要性，还可以获取各地区和省份的农业发展总体水平的综合指标，从而为比较分析开辟康庄大道。

譬如，19～20世纪之交欧俄各省的多元农业分类，除揭示了总体类型学外，还确定了一种社会类型学。后者区分出三种类型的社会农业结构：地主型、农民型和地主—农民型，每一种都有两个亚型（见表4-11）。省级指数的存在，代表了各因素的比较发展水平，使我们能够确定这些类型和亚类型的农业发展结构与水平。

在地主型农业结构的波罗的海沿岸区亚型以及农民型资产阶级农业结构的南部草原区和东南部地区亚型中，农业发展的总体水平较高（见表5-5）。

表 5 – 5   19～20 世纪之交欧俄地区农业发展结构与水平
及各类资产阶级农业演进

地区	因子权重(指数)				
	Ⅰ	Ⅱ	Ⅲ	Ⅳ	Ⅴ
Ⅰ地主型					
波罗的海沿岸区	0.36	0.26	1.10	− 0.45	0.10
西部区	− 0.18	0.01	0.03	− 0.13	− 0.09
Ⅱ农民型					
南部草原区	1.04	− 0.23	− 0.14	0.00	0.40
东南区	0.35	0.09	− 0.11	0.24	0.19
东北区	− 0.35	0.45	− 0.04	0.36	− 0.12
Ⅲ地主—农民型					
工业区	− 0.45	0.01	− 0.07	0.01	− 0.05
农业区	0.13	− 0.14	− 0.12	− 0.01	− 0.05

　　农民型的南部草原区亚型在Ⅰ和Ⅴ因子（农业发展水平与农民
阶级分化特征、农民与雇工的地位）上大大领先于其他亚型，农民
型的东北区亚型在Ⅱ（畜牧业集约化）和Ⅳ（农业关系特征）因
素上领先于其他亚型。资产阶级农业结构地主型的波罗的海沿岸区
亚型的农业资本化与集约化水平最高（Ⅲ因子），但在Ⅳ因子（农
业关系特征）方面排在最后。

　　因此，关于资产阶级农业演进的两条道路之间的关系问题，因
子权重的分析（见表 5 – 5）加强了由 19～20 世纪之交欧俄各省和
地区的农业发展综合指数得出的结论。

第五节　欧俄各省农业发展综合指标构建任务中因子分析方法的比较

从方法论的角度看，因子分析的多种方法都适用于社会经济史问题，特别是对19～20世纪之交欧俄各省农业类型学问题的潜力和特点来说，是至关重要的。

在此，我们比较了历史研究中最常用的因子分析方法：参数极值分组法、矩心法和主成分法。每种方法都有一个单独的模型，它确定了原始指标和因子之间相互关系的性质。

在使用因子分析方法时，研究人员应该考虑到"因子分解"的结果通常取决于所选择的方法。当然，如果问题"结构化"后成效显著的话（即有少量与相关特征集密切相关的综合因子），那么所考虑的全部方法几乎会给出相同的结果。然而在实际研究中，特征之间的关系结构更为复杂，因此，必须考虑到因子分解结果对所选方法的模型假设的依赖性。

现在，我们把使用参数极值分组法从欧俄50个省的19个农业发展指标中构建5个综合因子的结果，与使用矩心法和主成分法处理相同数据的结果进行比较。[1] 这两种情况都使用了5个因子，结果证明，这个数量已经足够了，因为使用这两种方法时，5个因子对特征总方差的贡献率都超过了70%（见表5-6）。

---

[1]　Обработку данных с помощью центроидного метода проводила И. М. Промахина. Автор благодарен И. М. Промахиной, предоставившей ему результаты этой обработки.

表 5 - 6 19 ~ 20 世纪之交欧俄各省农业发展因素的结构

变量序号	因素载荷									
	矩心法					主成分法				
	因子序号					因子序号				
	I	II	III	IV	V	I	II	III	IV	V
1	0.32	- 0.06	0.64	0.56	- 0.05	0.01	- 0.47	0.16	0.08	- 0.06
2	0.29	- 0.26	- 0.07	- 0.09	0.64	0.02	- 0.07	- 0.42	- 0.04	- 0.43
3	- 0.04	0.28	0.39	0.46	- 0.56	- 0.01	- 0.20	0.44	0.20	0.14
4	0.28	- 0.40	- 0.11	0.06	- 0.36	- 0.02	- 0.12	- 0.11	0.25	0.65
5	0.24	0.13	0.49	- 0.06	- 0.40	- 0.11	- 0.20	0.23	- 0.20	0.18
6	0.70	0.42	- 0.12	- 0.31	- 0.20	- 0.40	0.00	- 0.06	- 0.20	0.05
7	0.66	0.71	0.06	- 0.08	- 0.11	- 0.39	- 0.04	0.13	- 0.10	- 0.18
8	- 0.31	0.16	0.67	0.06	0.14	0.15	- 0.02	0.28	- 0.12	- 0.42
9	0.10	- 0.13	0.78	0.58	0.02	0.10	- 0.46	0.18	0.05	- 0.10
10	- 0.33	- 0.59	0.35	- 0.20	0.12	0.30	- 0.13	- 0.12	- 0.12	0.09
11	- 0.11	- 0.71	0.35	0.24	0.19	0.29	- 0.29	- 0.21	- 0.01	0.02
12	0.86	0.14	- 0.20	- 0.25	0.06	- 0.35	- 0.06	- 0.23	0.08	0.05
13	- 0.84	- 0.71	- 0.16	0.01	0.06	0.31	0.27	0.06	- 0.15	0.00
14	0.89	0.06	0.16	0.09	0.04	- 0.30	0.31	- 0.11	0.11	- 0.03
15	0.75	- 0.33	0.06	0.15	0.07	- 0.14	0.29	- 0.33	0.06	0.03
16	0.36	- 0.02	0.17	- 0.54	- 0.06	- 0.16	- 0.07	- 0.15	- 0.63	0.16
17	0.02	0.69	0.10	- 0.32	- 0.41	- 0.21	0.10	0.35	- 0.30	0.08
18	0.14	0.76	- 0.02	- 0.03	- 0.15	- 0.19	0.09	0.14	0.25	- 0.26
19	- 0.20	- 0.49	0.56	- 0.16	0.11	0.21	- 0.23	- 0.05	- 0.39	0.01
总方差中因子的贡献（%）	23	18	14	8	7	27	18	14	8	7
总方差（%）		70.4					74.5			

为了解释这些因子，我们需找出与对应因子最密切相关的特征。我们认为，通过矩心法得到的且阈值超过（绝对值）$a_0 = 0.5$ 的因子载荷是重要的。对于主成分法，相应阈值为 $a_1 = 0.3$（此处应指出，在这种情况下，使用主成分法并不伴随着因子旋转程序的应用，因此表 5-6 中给出的因子载荷值 a_{ij} 对于这种方法来说相对较低）。

将这些因子载荷与极值分组的结果进行比较可以看出，在后一种情况下，决定因子解释的特征与相关因子的关系紧密程度是最高的。这是很自然的，因为在参数极值分组法中，每个因子的构建只根据那些属于相关组的参数，而不是像其他两种讨论方法那样考虑所有参数。

使用引入的阈值 a_0 和 a_1，可以挑选出解释每个因子的决定性特征。有些特征会同时影响几个因子的解释（见表 5-6），而其他特征可能与任何因子都没有明显的关系。例如，当采用主成分法时，第 5 个和第 18 个指标（决定了土地租赁的性质）与 5 个因子中的任何一个都没有明显的联系，而第 2 个和第 17 个指标（按人口计算的份地和每俄亩土地的价格）则与两个因子显著相关。当使用矩心法时，第 4 个指标（出售的私人土地和份地的比例）和第 5 个指标（租佃土地和份地的比例）与拟构的 5 个因子呈弱相关。第 1、7、9 个指标分别影响两个因子的解释。对于参数极值分组法，根据指标分组算法，每个指标指代一个（而且仅指一个）因子。

比较这三种方法获得的因子结构，我们可以得出结论，这些结构存在一些差异。然而，当从一种方法到另一种方法时，第一个因子，也是最重要的因子 F_1 的结构变化不大（见表 5-7）。

表 5 – 7　因子 F_1 的结构（与因素紧密相连的指标*）

参数极值分组法	矩心法	主成分法
指标序号		
13	14	6
12	12	7
14	13	12
6	15	13
7	6	14
	7	10

*指标根据因子载荷 a_{i1} 的大小排序。

在参数极值分组方法中属于 F_1 因子的所有 5 个指标，在矩心法和主成分法中也是解释该因子的决定性指标（见表 5 – 7）。在参数极值分组法和主成分法中，对于 F_1 因子的解释，农民马匹的供应程度和农民的分层指标（指标 12 ~ 14）更为重要；而在主成分法中，人均谷物播种和收获指标（指标 6、7）更为重要。请注意，在所有三种方法中，第一个因子在总解释方差中的贡献大致相同，即从 23% 到 27%。

针对全部 5 个因子，使用因子分析的三种方法，可以获得不同的因子载荷。比较这些因子载荷，可以建立这些因子的近似对应关系（见表 5 – 8）。

表 5 – 8　使用 3 种方法时，19 ~ 20 世纪之交欧俄各省
农业发展因素的近似匹配

方法	因子序号*				
参数极值分组法	I	II	III	IV	V
矩心法	I	II	III	V	—
主成分法	I	IV	II	III	—

*通过比较给出的因子数与参数极值分组法得到的因子数得出。

比如，使用参数极值分组法得到的第三个因子（农业资本化与集约化）包含了第 9、1、8 个指标。显然，对于使用矩心法得到的第三个因子（最密切相关的是指标 9、8、1），以及使用主成分法得到的第二个因子（因子载荷最高的是指标 1、9、14），可以给予类似的解释意义。

通过因子分析的不同方法，我们得到了 19～20 世纪之交欧俄农业发展的最显著因素，它们具有类似的结构（见表 5－8）。因子结构中的一些差异（特别是使用参数极值分组法得到的第 5 个因子中缺乏类似物）应该由这些因子分析方法所依据的模型假设的特殊性来解释。

例如，如果研究者假设存在一些公共因素（对于所有研究的特征），那么他应该首选矩心法。但是，如果假设初始特征集可以分为几组，每组都反映了某个因素的作用，那么就应该采用极值分组法。最后，如果就内容而言，任务是需要在一组初始特征的情况下，找出决定被研究对象最大差异性的成分，那么主成分法是解决类似问题的充分工具。

在我们的研究中，根据参数极值分组法建立指标和因素的关系模型是适宜的。然而分析表明，当使用因子分析的其他方法时，因子结构并没有发生根本性的变化，这说明该结构是稳定的，而且明确完整、表达清晰。

根据三种方法中每一种的同名因子的因素权重，可对省份进行排序。研究各省排名之间的相似程度，也是很有意义的。这里，我们根据第一个因素，也是最重要的因素来研究 50 个省的排名。

对于所有方法，从第一个因素因子权重值较高的 7 个省和因子权重值较低的 3 个省（完整的省份列表会占用太多空间，尤其是因为这 3 种排序的相似性很明显），可以看出 3 个列表中，农业发展水平最高和最低省份的相似程度（见表 5 - 9）。对斯皮尔曼等级相关系数计算分别得出：$\rho_{эц} = 0.91$，$\rho_{эг} = 0.79$，$\rho_{гц} = 0.82$。由此可见，相关系数值较高，也证实了上述结论。此处，字母 э、ц、г 分别表示参数极值分组法、矩心法和主成分法。上述数据证明，在因子结构的变化方面，三种分类法具有一定的稳定性。事实上，我们仅是根据因子载荷值最高的几个指标来解释因子的，但其余指标（尽管程度要小得多）也会影响因子的结构。

表 5 - 9 基于因子分析的各种方法根据第一个因素对各省的排序

参数极值分组法	矩心法	主成分法
1. 塔夫利达省	1. 塔夫利达省	1. 塔夫利达省
2. 顿河省	2. 顿河省	2. 顿河省
3. 奥伦堡省	3. 奥伦堡省	3. 奥伦堡省
4. 萨马拉省	4. 萨马拉省	4. 萨马拉省
5. 赫尔松省	5. 赫尔松省	5. 赫尔松省
6. 叶卡捷琳诺斯拉夫省	6. 叶卡捷琳诺斯拉夫省	6. 叶卡捷琳诺斯拉夫省
7. 库尔兰省	7. 库尔兰省	7. 库尔兰省
…	…	…
48. 莫斯科省	48. 莫斯科省	48. 莫斯科省
49. 圣彼得堡省	49. 圣彼得堡省	49. 圣彼得堡省
50. 阿尔汉格尔斯克省	50. 阿尔汉格尔斯克省	50. 阿尔汉格尔斯克省

***

本文的目的并不是要全面比较因子分析的主要方法。我们的重点放在应用方面。这些方法之间的"关系"很复杂，但每种方法都有自己的优势、劣势和适用范围。

在研究自动分类和因子分析方法的组合应用时应该牢记，因子权重本身可以成为研究对象的分类基础，在这种情况下是省份。首先，可以根据所选因子的整体性对研究对象进行多维分类，例如，采用聚类分析的方法，根据19个指标对欧俄各省进行多元农业类型学研究。换句话说，多变量类型学可以像前文研究的那样，先于因子分析，也可以在其后。因此，我们根据选定的5个因子的权重，对各省进行多变量类型学分类，以此代替19个初始指标。如果描述所研究对象集的特征数量太多，难以甄别选择时，这种研究方式更为可取。

在这里，最好先对信息进行"压缩"，然后根据任意一个选定因子或因子的集合给对象分类。在实践中最常用的分类法是两因子分类法，可以直观地、可视化地呈现分类结果。在所有情况下，分类都是多维的，因为即使是按一个因子分类，也要考虑多个指标。

通常情况下，因子分析的结果也被用来对原始指标集进行可视化多元分类。为此，分类对象被放置在前两个（或一般说来，任何两个）因子的平面上。在农业发展19维指标空间里，在参数极值分组法确定的前两个因子的平面上（这些因子解释了全部19个特征总方差的40%以上），使用聚类分析得到的各省及其类型组的分布，清楚地说明了类型组的相互位置、"紧凑"程度及内部结构（见图5－1）。

有趣的是，这些因子在平面上的类型组实际上并不"重叠"。可以看出，首都各省份与其他群组"相离"，构成了一种独立的农业结构类型（北部省份也是如此）。图5－1显示，对于中部黑土类型和

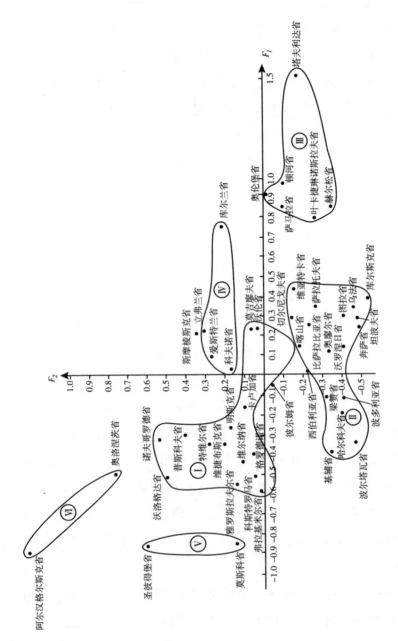

图 5-1 在前两个二维空间各省分布及类型学分组

注：I. 非黑土类型；II. 中部黑土类型；III. 草原类型；IV. 波罗的海沿岸类型；V. 首都类型；VI. 北部类型。

非黑土类型的农业结构，其主要差异不是由第一个因子（农业发展水平与农民阶级分化特征）决定的，而是由第二个因子（畜牧业集约化）决定的。此图清楚地显示了波罗的海沿岸类型和草原类型的关系。

第六节　各省农业结构主要指标交互作用的分析（多元回归模型）

因子分析的应用结果，使我们能够确定欧俄各省和地区农业发展的综合因素。回归分析可以从农业发展的主要方面对各省和地区农业发展不平衡的原因进行补充和深化研究。

如前所述（第一章第二节），多元回归模型可以评估单个解释（独立）变量在被解释（非独立）变量变化中的值，以量化的形式展示结果特征（被解释变量）对因子特征（解释变量）的依赖性，确定多重相关系数 R，显示结果变量的总变化中有多大比例是由包含在多元回归方程中的因子变量的变化引起的。

在构建多元回归模型时，我们从欧俄 50 个省的 19 个农业发展指标处着手。另外，还有一个特征对此进行了补充，形成了第 20 个特征，该特征近似地描述了每个省的土地质量。这个特征是二分变量，其中一个针对 26 个非黑土省，另一个针对 24 个黑土省。

在构建每个多元回归方程时，有两个原则支撑着解释变量的选择。首先，多元回归方程不应包括含义上无法影响被解释变量的解释变量，或者与其呈反向因果关系的解释变量。因此，在构建谷物产量的回归模型时，要将"黑麦的秋季价格"这一指标从解释变量集中剔除，因为该指标显然不能影响被解释变量，且这里的关系是逆向的。

其次，在筛选解释变量时，要排除多重共线性，即不能出现密切相关的解释变量（它们的成对相关系数的绝对值超过了固定的阈值，比如 0.7）。在这种情况下，在两个密切相关的特征中，更显著的因素被纳入方程；如果难以抉择，则排除与被解释变量关系较弱的解释变量。因此，在为被解释变量"无马和有一匹马的农户的比例"建立多元回归模型时，应该排除雇佣农业工人两个指标中的一个，因为它们的相关系数非常高（0.95）。比较两个指标与被解释变量的密切程度表明，前者（雇佣农业工人与当地工人的比例）与被解释变量的关系比后者（每俄亩播种面积的雇佣工人数量）与之的关系要密切得多。相关系数分别为 −0.34 和 −0.18。

我们借用逐步线性回归法来构建多元回归模型。下一步是将解释变量引入方程，最大限度地增加解释方差对被解释变量的比例。如果引入的下一个解释变量并没有明显改善模型的质量（即解释方差的比例略有增加，如 1%），则逐步回归过程将终止。

需要注意的是，我们将被解释变量的解释方差的比例视为解释变量显著性的指标。为检验解释变量的显著性而得到的回归系数的统计估计值，在本研究中被视为辅助值，因为我们掌握了欧俄 50 个省的总体；此外，这种检验显著性的方法只在解释变量不相关（或极弱相关）的情况下才是可信的，这在研究实践中很少使用。①

---

① 需要注意的是，由于我们有了总体，本项研究在构建回归模型时，特征的正态分布问题不是必不可少的。至于线性假设，这个假设在每个模型的构建中都得到了检验。

***

我们采用线性多元回归模型：

$$Y = b_0 + b_1X_1 + b_2X_2 + \ldots + b_mX_m$$

其中，Y 为被解释变量；X_1，...，X_m 为解释变量；m 为解释变量的数量；b_1，...，b_m 为回归系数；b_0 为方程的自由项。在欧俄各省农业发展的 20 个指标基础上得到的多元回归方程显示，要使被解释变量的解释方差比例足够高（$R^2 > 0.50$），只需 3～7 个解释变量就足够了（见表 5-10）。因此，按人口计算的粮食产量（X_7）总变化的 74% 是由 7 个指标的变化解释的，而按人口计算的份地（X_6）变化的 63.8% 是由 3 个指标的变化给出的。在我们构建的 19 个多元回归方程中，只有一个方程的被解释变量（"租佃土地和份地的比例"）的解释方差比例没有达到 50%。一方面，这再次证明了我们所研究的各省农业发展一系列特征很具有代表性；另一方面，R^2 足够高，这为线性多元回归模型在当前问题中的充分性提供了论据。

下面我们将更细致地研究多元回归方程（见表 5-10）。其中第一个方程显示了被解释变量 X_7（按人口计算的粮食产量）对主要因素的依赖性，它们分别是 X_{12}（按人口计算的马匹数量，解释了 50 个省粮食收成变化的 37.9%）、X_{11}（每俄亩播种面积的产畜数量，解释了方差的 16.1%）、X_1（雇佣农工与当地工人的比例，8.5%）、X_{16}（收获季节农业工人的计日工资，3.0%）、X_3（好地中贵族土地的比例，3.1%）、X_4（出售的私人土地占土地总面积的比例，2.7%）、X_{20}（土地质量，2.6%）。

表5-10 基于欧俄50个省农业发展数据构建的多元回归模型*

回归方程序号	被解释变量	解释变量							方程中的自由项	解释方差份额（%）
1	$X_7=$	$61.7X_{12}$	$-9.25X_{11}$	$0.330X_1$	$0.186X_{16}$	$-0.228X_4$	$0.175X_3$	$3.91X_{20}$	18.9	74
	解释方差（%）	37.9	16.1	8.5	3.0	2.7	3.1	2.6		
2	$X_6=$	$2.65X_{12}$	$0.0029X_{17}$	—	—	—	—	—	100.7	63.8
	解释方差（%）	46.8	12.8	4.3	—	—	—	—		
3	$X_{13}=$	$-0.192X_7$	$-22.1X_{15}$	$-0.572X_1$	$-0.266X_4$	$-0.846X_{18}$	$-0.005X_2$	$-0.096X_{10}$	—	56.1
	解释方差（%）	33.6	10.3	4.2	3.6	2.3	2.2	2.0		
4	$X_9=$	$0.0009X_3$	$0.076X_{11}$	$0.30X_{14}$	$0.0023X_8$	$-0.025X_{20}$	—	—	-0.143	72.3
	解释方差（%）	22.6	24.7	12.3	7.5	1.5	1.6	—		
5	$X_{17}=$	$54.5X_{20}$	$-8.7X_2$	$1.34X_8$	—	—	—	—	58.5	55.4
	解释方差（%）	36.1	13.2	6.1	—	—	—	—		
6	$X_{18}=$	$0.034X_{17}$	$0.257X_7$	$-6.58X_6$	$3.14X_{20}$	—	—	—	2.67	70.5
	解释方差（%）	48.4	9.2	4.4	8.5	—	—	—		

* X_1，雇佣农工与当地工人的比例（%）；X_2，租佃土地面积的比例（%）；X_3，好地中贵族土地的比例（%）；X_4，出售的私人土地占土地总面积的比例（%）；X_5，租佃土地和份地的比例（%）；X_6，按人口计算的份地（俄亩）；X_7，按人口计算的粮食产量（普特）；X_8，每俄亩播种面积的粮食收成（普特）；X_9，每俄亩播种面积的产畜数量（头／只）；X_{10}，每俄亩播种面积的雇佣工人数量（人）；X_{11}，无马和有一匹马的农户的计日工数量（匹）；X_{12}，按人口计算的雇佣的马匹数量（匹）；X_{13}，无马和有一匹马的农户的计日工人的比例（%）；X_{14}，有四匹马以上马匹的农户占比例（%）；X_{15}，按人口计算的产畜数量（头／只）；X_{16}，收获季节农业工人的计日工资（戈比／普特）；X_{17}，每俄亩土地的价格（卢布）；X_{18}，每俄亩耕地的租金（卢布）；X_{19}，黑麦的秋季价格（戈比／普特）；X_{20}，土地质量（0，非黑土；1，黑土）。本段中的特征编号略有改动。X_1和X_9指的是长期雇佣工人。

从第一个方程可以看出，在按人口计算的马匹数量较多、雇佣农工人数较多、农业工人计日工资较高、贵族土地比例较高、土地质量较好的地方，欧俄各省的人均粮食产量更高。相反，在每俄亩播种面积的产畜数量更多的地方，以及出售的私人土地占总面积的比例较高的地方，谷物的收成较低。

应该注意的是，在其他所有解释变量固定的情况下，回归方程还给出了每个解释变量对被解释变量的影响的定量评估。因此，从第一个方程可以看出，平均而言，雇佣农业工人的比例每增加 1%，对应于每俄亩播种面积的粮食产量增加 0.33 普特（在其余 6 个因素的数值恒定的情况下）。

转到第二个方程，我们注意到 X_{12}（按人口计算的马匹数量，46.8%）也是解释按人口计算的份地（X_6）方差的最重要因素。该方程表明，在每俄亩土地的价格越高的地方，人均播种面积就越大。

从第三个方程可以看出，解释无马和有一匹马的农户的比例（X_{13}）变化的一个重要因素是按人口计算的粮食产量（33.6%）。按人口计算的粮食产量低于 1 普特，无马户和有一匹马的农户的比例平均高于 0.19%。此类农户比例的增加也与产畜的供应、人均播种面积的减少有关；在雇佣农业工人的比例和出售的私有土地占总面积的比例较低的地方，这一比例较高。

第四个方程表明，每俄亩播种面积的雇佣工人数量（X_9）主要取决于每俄亩播种面积的产畜数量（占解释方差的 24.7%）和好地中贵族土地的比例（22.6%）。在有四匹及以上马的农户的比例较高、粮食产量较高的地方，每俄亩播种面积的雇佣工人数量也较多。雇佣的强度随着人均份地的减少和每俄亩播种面积的马匹数量的减少而增加（农民的贫困化使他们变成了农村无产者）。平均而言，在非黑土省份，每俄亩播种作物的雇佣工人数量略多。

第五个方程反映了每俄亩土地的价格（X_{17}）对三个主要因素的依赖性——土地质量（占解释方差的 36.1%）、按人口计算的份地（13.2%）和每俄亩的粮食收成（6.1%）。在土地质量较好、产量较高、人均份地较少的地方，每俄亩土地的价格较高。

最后，从第六个方程可以看出，每俄亩耕地的租金（X_{18}）主要由每俄亩土地的价格（48.4%）、按人口计算的粮食产量（9.2%）和土地质量（8.5%）决定；在人均播种面积较小的地方，租金也比较高。

$$***$$

比较为不同类型的社会农业结构建立的多元回归模型，与研究欧俄 50 个省总体中固有的统计相关性一样，都具有重要意义。通过这种比较，可以揭示不同类型省份同一被解释变量的变化，并找出重要的解释变量间的差异。

为此，观察欧俄社会农业区划的特征（见表 4-11）可以发现，其中有 12 个省形成了地主型的社会农业结构，12 个省形成农民型的社会农业结构。下面，我们将分别研究每个类型的多元回归方程（见表 5-11）。

在表 5-11 的分析中，首先要注意的是，R^2 的数值非常高。几乎所有 6 个方程的解释方差比例都接近 100%，只在一种情况下是80.3%。这是因为两个被分析的总体由相同的对象（省）组成。其

表 5 - 11 基于社会农业结构地主类型和农业类型的两组省份数据建立的多元回归模型

回归分析模型的序号	农业社会结构的类型	被解释变量	解释变量						方程中的自由项	解释方差的份额（%）
1	农民	$X_{15} =$	$-0.012X_8$	$0.03X_2$	$-0.075X_3$	$-0.060X_{18}$	$-0.00016X_5$	$1.46X_{17}$	0.968	80.3
	地主	$X_{15} =$	$-0.165X_{20}$	$0.678X_6$	$0.0040X_4$	$0.0026X_5$	$0.0015X_3$	—	-0.308	97.5
2	农民	$X_7 =$	$-23.8X_{11}$	$0.49X_{16}$	$1.18X_{20}$	$0.722X_1$	—	—	19.6	97.1
	地主	$X_7 =$	$0.166X_{16}$	$0.398X_3$	$2.13X_{20}$	$0.537X_1$	$-16.9X_{11}$	$3.26X_{12}$	11.1	98.9
3	农民	$X_8 =$	$-15.5X_{20}$	$33.2X_{10}$	$0.113X_{17}$	$0.768X_2$	—	—	16.63	92.0
	地主	$X_8 =$	$0.662X_5$	$0.181X_{17}$	$0.273X_3$	$0.383X_1$	$5.37X_{20}$	—	17.83	99.0

次，在从一种社会农业结构过渡到另一种社会农业结构的过程中，对同一被解释变量至关重要的因素的结构发生了明显的变化。

（1）为指标 X_{15}（按人口计算的产畜数量）构建的回归模型。对于农民型社会农业结构的省份来说，产畜供应较充足的地方，首先是每俄亩耕地租金较低、好地中贵族土地的比例和粮食产量较低的地方以及份地规模较大的地方。

地主型省份中，在土地质量较差，按人口计算的播种面积较大，贵族土地比例、出售的私有土地和租佃土地的比例较高的地方，按人口计算的产畜数量较多。

这些模型的比较表明，只有两个标志是解释不同类型省份产畜供应量变化的必要标志，它们分别是 X_3（好地中贵族土地的比例）和 X_5（租佃土地和份地的比例）。其特点是，如果在第一个方程（农民型）中，这两个指标都有"–"符号，那么在第二个方程中，它们的符号则相反。符号相反反映了所研究的各组省份中土地利用的不同性质：在地主型的省份中，农民土地租赁规模和贵族土地比例的增加，有利于提高人均产畜的数量，而在农民型的省份中，这些过程与农业活动的关系更大。

（2）为解释特征 X_7（按人口计算的粮食产量）的方差而建立的模型。我们发现，解释变量的结构具有很高的相似性。比如，农民型模型中的全部4个解释变量都包含在地主型模型的重要因子组成中。诚然，它们在模型中的含义本质上是不同的。比如，对于农民型的省份，粮食产量较高的地方，首先是每俄亩播种面积的产畜数量较少的地方。对于地主型的省份来说，这种相关性（依赖性）具有相同的符号，但不是那么明显（第五大因素，占解释方差的4.8%）。对地主型省份来说，最重要的因素是收获季节支付给农业工人的计日工资，而对于农民型的省份来说，重要性次之（第二大因素）。雇佣农业工人与当地工人的比例（X_1）对地主型省份粮食收获量的增加具有重要意义（第二大因素），但就其对农民型省份粮食收获量的影响而言，它仅列第四位。还应注意的是，地主型模型中的一个重要因素是贵族土地的比例，其每增加1%，人均粮食产量增加0.4普特。该指标并没有包含在农民型模型的显著因素列表中。

（3）最后，对为被解释变量 X_8（每俄亩的粮食收成）建立的多元回归模型进行比较，也显示出其结构上的显著差异。对解释农民型省份的产量方差"贡献最大"的是土地的质量，而且非黑土区省份的产量（每俄亩平均48.2普特）比黑土区省份的（每俄亩平均33.6普特）更高。在地主型省份中，土地质量较好的地方粮食产量较高，但这一因素的作用不大。在这两个模型中，第二大因素均是每俄亩土地的价格；在每俄亩土地价格较高的省份，产量也较高（其他条件相同）。在农民型省份中，产量的提高还与每俄亩播种面积的马匹数量和人均份地规模的增加有关。在地主型省份中，其他因素如农民租佃土地与份地的比例、好地中贵族土地的比例以及雇佣劳动力的强度，对产量的提高也很重要。

在比较了两组省份数据建立的回归模型后，我们发现了它们的显著差异，这是社会农业结构的特殊性引起的。这些差异特别体现在，在根据地主阶级省份数据构建的所有3个模型中，贵族土地在好地中的份额是显著因素，其增加有助于提高结果特征的价值。至于建立在农民型省份数据上的模型，该指标仅有一次被列为显著，而且对被解释变量有着反向的影响。

总的来说，多元回归为确定各个因素影响被解释变量的程度，为历史和比较分析 19 ~ 20 世纪之交欧俄各省的农业发展特点，提供了一个灵活适用的工具。

＊＊＊

对 19 世纪末 20 世纪初欧俄各省农业类型学各个方面的研究，清楚地表明了在解决农业历史类型学问题时，多元统计分析各种方法（聚类分析、模式识别、因子分析、模糊集理论、多元回归）的利用效率。借助代表性指标集所揭示的欧俄农业省份的类型，深化并具体说明了关于欧俄农业系统及其社会结构的基本特征的现有观点。多元分析的结果清楚地表明，在 19 ~ 20 世纪之交，欧俄各省的社会农业结构的最显著差异与两种类型——地主型（"普鲁士式"）和农民型（"美国式"）的资产阶级农业演进有关。

第三部分
叙述体史料研究中多元分析
方法的应用经验

在历史学家的著作中，分析描述性史料（历史编年、历史政论作品、期刊、机构文件、回忆录、日记、自传、私人信件等）的计量方法不太常见。这些珍贵、有趣的文献所包含的信息的形式化程度不高，这在一定程度上限制了使用标准数学方法的可能性。

然而，近年来，用于分析此类文件的方法论宝库不断扩大。除了传统的、经典的文献内容分析外，历史学家已经开始广泛使用量化的、形式化的分析方法了。虽然传统的文本分析方法和量化方法差异很大，但两者并不相互排斥，而是互为补充，可以弥补各自的不足，因为这两种方法的目标是一致的，都是为了取得有效可靠的研究结果。

第六章
内容分析与史料研究的问题

第一节　内容分析的方法与方法论问题

在文献内容分析中，材料的系统化和有序化处理有着悠久的传统。这可以追溯到马克思主义社会学，具体表现为马克思对当代报刊内容的分析。① 然而，直到 30 ~ 40 年前，由于社会学研究对大众传播内容分析的需要，才制定出了文本分析方法形式化的一般原则，统称为内容分析。20 世纪 60 ~ 70 年代，苏联研究人员出版了几十部社会学著作，既涉及内容分析的方法与方法论问题②，也涉及内容分析在社会学、心理学、民族学、民俗学等具体研究中的应

---

① Маркс К. и Энгельс Ф. Соч. , т. 2 , с. 231 – 517.

② Методологические и методические проблемы контент – анализа, вып. 1 – 2.
М. – Л. , 1973；Проблемы контент – анализа в социологии. Новосибирск,
1970；Рабочая книга социолога. М. , 1976；Ядов В. А. Социологические
исследования. Методология, программа, методы. М. , 1972；Коробейников
В. С. Анализ содержания массовой коммуникации. – ВФ, 1969, № 4；Алексеев
А. Н. Контент – анализ, его задачи, объекты и средства. – В кн. : Социология
культуры, вып. 1. М. – Л. , 1974.

用成果。[1]

内容分析方法的本质是什么？

内容分析方法的本质可以归结为找出文献的易于计算的特征、特性、属性（如某些术语的使用频率），这些特征、特性、属性必然会反映其内容的基本方面。[2] 在这种情况下，定量内容可用于测量，可以进行精确的计算操作。这样一来，分析的结果会变得更加客观。形式化分析的局限性在于，文献的一切丰富内容并非都可以用形式指标来衡量。

内容分析的流程是：首先将有关文本简化为一组有限的固定元素，然后对这些元素进行计数和分析。内容分析通常用于处理大量的、不系统的、难以直接使用的材料。当对研究目的十分重要的类

---

[1] Литюшин Ю. И., Оленина Ж. А., Устинов В. А. Опыт использования контент-анализа в практике партийной работы. – Социологические исследования, 1978, № 1; Каюров В. Н., Саганенко Г. И. Контент-анализ аттестационных характеристик как метод изучения нормативных требований к инженерам в организации. – Социологические исследования, 1977, № 1; Баранов А. В. Опыт текстового анализа газеты. – Информационный бюллетень ССА и ИКСИ АН СССР, 1966, № 9; Малькова В. К. Применение контент-анализа для изучения сотрудничества советских народов (по материалам республиканских газет). – Советская этнография, 1977, № 5; Максимов В. В. Применение контент-анализа для исследования научных отношений. – В кн.: Методологические и методические проблемы контент-анализа. М. – Л., 1973, вып. 3; Хайтун С. Д. Наукометрия: состояние и перспективы. М., 1983; Пропп В. Я., Морфология сказки. М., 1969; Коробейников В. С. Анализ содержания массовой коммуникации. Канд. дис. М., ИКСИ АН СССР, 1969; Семенов В. Е. Применение метода контент-анализа в содиально-психологических исследованиях. Канд. дис, ЛГУ, 1975; Алексеев А. И. Некоторые проблемы социологического изучения массовой коммуникации. Канд. дис. Новосибирск, 1970.

[2] Рабочая книга социолога, гл. VI, см. также с. 326.

属（категория）在所研究的文本中具有一定的出现频率时，就彰显这种方法的效用了。

内容分析的第一阶段，是汇编一份研究者感兴趣的符号（主要概念）列表，然后引入类属——代表符号种类的更大的语义单位。

分析单位的选择，取决于研究人员的原始理论前提及其世界观原则。

开发内容分析方法的苏联研究人员认为，内容分析的语义单位应该是一个社会观念，是一个具有社会意义的话题。① 而且它可以在文本中以不同的方式表达，既可以用一个词，也可以用某个固定词组，它还可以完全没有明确的术语表达，而是以描述的方式呈现。因此，研究者的一项任务是定义主要概念（指标或符号），通过这些概念来确定文本中存在的、从研究目标的角度看具有重要意义的类属。

指标（符号）的性质可以是完全不同的。比如，与主题相关的单词和短语、术语、人名、组织名称、地名、历史事件记载等。

如果选择主题作为分析单位，那意味着文本的内部将被分裂为一定的部分（上下文单位），从中可以定义主题。

在研究诸如政治类的文本时，语义单位可以包括国内、国际事件；参与人和发起人；对这些事件的态度，如"同意""反对"，"有利""有弊"，"好""坏"，符合谁的利益等；追求的利益（政治、经济、党派、国家、个人）；实现目标的方法（说服、暴力、经济压力、道德或政治影响）；社会阶层、社会团体等的特征；等等。

内容分析的基本特征除了语义单位的频率外，还有它们之间的

---

① 　Проблемы контент-анализа в социологии. М.，1970.

联系频率以及交际者对这些语义单位的态度（话语的标志）。①

在说明内容分析的可能性时，应当注意到，内容分析被广泛用于两种类型的研究。第一类是对属于不同时期的同一个作者（或一个组织、一个新闻机构）的文本进行比较，以确定其观点和立场的变化趋势；第二类是对属于不同作者（组织、新闻机构等）的文本进行比较，以分辨这些文本内容的"差异"。

在涉及内容分析方法的使用的研究中，对此类研究的客观程度有着各种各样的评价。② 毋庸置疑，内容分析的优点在于它所得出的结果的可重复性。现实中，如果研究者记录下了一组语义单元，那么他的研究结论就可以通过从有关文本中提取出来的频率数据进行验证（重复）。在这方面，当文本研究人员通过个别（选定的）例子或文本摘录来说明他或她的观点时，内容分析与说明性方法相比更有优势。研究人员的个性会影响研究结论的性质。对此，不妨回顾一下列宁在其著作《帝国主义是资本主义的最高阶段》中的一段话："……社会生活现象极其复杂，随时都可以找到任何数量的例子或个别的材料来证实任何一个论点……"③

当然，使用内容分析法得出的结论也有可能是错误的，它们取决于研究者塑造文本语义单元集的方法。内容分析的这一阶段十分重要，它创造了实施内容分析的方法论层面，而且，我们认为，这一阶段不能流于形式。然而，正是这一条件导致内容分析被指责为

---

① Коробейников В. С. Указ. соч.

② Соковнин В. М. Об объективности исследования в контент – анализе. – В кн.: Методологические и методические проблемы контент – анализа, вып. 1. М. – Л., 1973.

③ Ленин В. И. Полн. собр. соч., т. 27, с. 304.

主观主义。① 研究人员的主要理论前提、他的方法论原则基本都体现在这里，即在指标的选择和类属的提炼上，同时，选出的文本语义单位得到了明确的声明，这使得工作的各个阶段都可以重复再现。

当然，所研究文本的内容丰富多彩，内容分析尚不能遍及全部，所以必须与传统的研究方法结合起来。②

第二节 史料研究中内容分析的应用潜能

在苏联历史学家的著作中，可以找到一些使用形式化方法分析叙述性史料，以此提取隐藏信息的手段。③ 内容分析方法的使用在

① Хайтун С. Д. Указ. соч.，c. 124 – 125.

② Значение контент – анализа в системе других подходов для изучения содержания текстов рассматривали советские исследователи；так，применительно к проблемам исследования культуры об этом см.：Бирюков Б.，Зарипов Р.，Плотников С. Исследование социокибернетических аспектов культуры. – Вступительная статья к книге：Моль А. Социодинамика культуры. М.，1973. В этой статье，в частности，говорится："Хотя контентг – анализ и является эффективной техникой исследования...однако для глубокого историко – диалектического анализа процессов культуры одного его，конечно，недостаточно"（c. 9）.

③ Ковальченко И. Д. Исторический источник в свете учения об информации. – История СССР，1982，№ 3；Бородкин Л. И.，Милов Л. В.，Морозова Л. Е. К вопросу о формальном анализе авторских особенностей стиля в произведениях Древней Руси. – В кн.：Математические методы в историко – экономических и историко – культурных исследованиях. М.，1977；Гельман – Виноградов К. Б. Машиночитаемые документы в СССР. Вып. 2. Проблемы использования в исторических исследованиях. М.，1982；Деопик Д. В. Некоторые принципы построения формализованных языков для исследования исторических источников. – В кн.：Количественные （转下页注）

此类研究中非常重要。比如，Ю. Ю. 卡赫克曾指出，"苏联史料学家们认为，在研究大量的历史资料时，内容分析是相当有前途的"。① 同时，在使用内容分析法研究史料内容时，显然需要考虑到史料的特点。② 为使内容分析的方法适应史料研究任务的需要，Д. В. 杰奥皮克在研究中提出了一个非常有趣且颇具建设性的方案。③

杰奥皮克指出，在社会研究中，量化方法的应用有两个方面：计算什么和如何计算。他认为第一个问题是最重要的：必须把极其复杂和多边互联的事实材料转化为可比较的量化形式。

源文本的分析程序综合起来就是找出该类型文献以具体形式（即在特定文化中，在特定时间点上）的最简单组成元素，将其视为所研究现象的特征并进行分类，同时确定每个元素的普遍性的程序。在下一阶段，要将整个时期内的要素之间的关系作为一个整体进行考察，然后研究这些关系从开始到结束的演变（以及要素集的演变，即新要素的出现和旧要素的消失）。

（接上页注③）методы в гуманитарных науках. М., 1981；Клосс Б. М. О статистических методах исследования текстов исторических источников. – В кн.：Математические методы в историко – экономических и историко – культурных исследованиях. М., 1977；Литвак Б. Г. Приемы формализации содержания массовой документации и регесты（по материалам XIX в.）– В Кн.：Археографический ежегодник за 1977 г. М., 1978；Славко Т. И. Математико – статистические методы в исторических исследованиях. М., 1981；Миронов Б. Н. Историк и социология. Л., 1984.

① Кахк Ю. Ю. Некоторые аспекты применения математических методов в исторических исследованиях. – В кн.：Источниковедение отечественной истории. М., 1977.

② Мазырин В. М. Применение методов контент – анализа к материалам прессы. – В кн.：Количественные методы в гуманитарных науках. М., 1981.

③ Деопик Д. В. Указ. соч.

　　杰奥皮克指出了为一组同质文献和叙述体史料（如古代编年史）编制特征清单（语义单元）的特点。文本应该被记录为一定数量的话语（在逻辑意义上）。一个话语，或"最简单的事件"，对应于一个人的一个行为（例如在铭文学中）或一个国家的一个行动（例如在描述"王国事务"的史料中）。话语的要素——主语、谓语、宾语、动作对象（例如"X给了Y一块田"或"X从Y手中夺取了一座城市"）以及空间和时间特征，都可以很容易地从文本或上下文中提取出来。

　　文本分析的这些原则还被杰奥皮克贯彻到他对东南亚史研究的各个方面中，特别体现在他对中国古代史书《春秋》的研究和对缅甸书信材料的分析中。①

　　《春秋》是中国古代历史传统中古老的文献之一（写于公元前7世纪～公元前5世纪），其文本包含了黄河流域及其以南地区的大部分历史，主要侧重政治方面，但都是零散的具体信息，并不是综合概括的信息。同时，编年体史书可以对独立事件进行比较；表述紧凑、缺乏论据、信息简短明确等特点，都便于研究任务的完成。

　　杰奥皮克把通过"行动"概念定义的"最简单事件"作为《春秋》文本的基本语义单位。书中所有类型的"行动"都被编入其中，其中最简单事件有64个，规模最大的有20个。这20个规模最大的事件占到所有最简单事件被提及次数的90%以上。文本中每个最简单事件提及之处的分布情况，给出了每个最简单事件的特征。

---

① Деопик Д. В. , Опыт количественного анализа древней восточной летописи "Чуньцю". - В кн. : Математические методы в историко - экономических и историко - культурных исследованиях; он же. Проблемы методики исследования эпиграфического комплекса применительно к задачам социально - экономического анализа (на материале бирманской эпиграфики). - ВМУ, серия "Востоковедение" (13), 1977, № 2.

一是分布量（不同时期的发生频率）和时间趋势，二是不同国家作为主体的行为特点，三是存在地理上的特殊性，主体与关系类型之间相分离（例如在边界问题上），四是存在主体和客体中的时间趋势。

64 个最简单事件全部都被归入不同的类属 [（1）"外交政策"；（2）"军事历史"；（3）"君主的日常生活"；（4）"国内政治"；（5）"经济"；（6）"宗教礼仪"；（7）"自然现象"]，这些类属中又分有子组。

杰奥皮克将 7 类最简单事件文本的分析结果，以表格的形式紧凑而清晰地呈现，从而找出了在时间上稳定同时又不断演变的现象，主要涉及了政治事件、战争和宫廷事务。他运用内容分析方法，以小见大，在众多"小"事实的基础上，追踪公元前 8 世纪~公元前 5 世纪中国社会史上的个别（一般和特殊）趋势，并揭示中国古代国家及其邻国在所研究地区的政治和社会生活特点。

内容分析的方法被苏联历史学家应用于各类资料的研究中。20世纪 70 年代和 80 年代，至少出版了 20 部此类作品。

＊＊＊

Л. М. 布拉金娜研究了文艺复兴时期哲学论著的作者在定义基本伦理范畴的含义方面的观点。① 她对 15 世纪意大利人文主义者的

---

① Брагина Л. М. , Опыт исследования философского трактата XV века методом количественного анализа. – В кн. : Математические методы в исторических исследованиях. М. , 1972；он же. Методика количественного анализа философских трактатов эпохи Возрождения. – В кн. : Математические методы в историко - экономических и историко - культурных исследованиях.

文本——兰迪诺的论著《论真正的高尚》和内兹的《论道德》进行了定量分析。

这类文本的术语具有相对稳定性和清晰性，这就使得选择一个完全或部分揭示伦理概念的术语作为语义单位成为可能。在所研究的论著的文本中，布拉金娜通过将同义词和类似含义的术语合并为更通用的类属。她对这些术语进行了汇总，发现了160多个伦理学术语。该分类是基于词汇—语义场的概念。分组后，第一本论著有38个聚合语义单元，第二本有50个聚合语义单元。第一本论著中，这些术语的出现频率为6～190，第二本论著中为6～429。在《论真正的高尚》一书中，术语"高尚"（nobilitas，nobilis）和"美德"（virtus）尤为显要，它们的出现频率最高。在《论道德》一书中，"美德"和"幸福"（foelicitas，beatitudo）是最常见的术语。

为了解15世纪人文主义者将哪些内容纳入了主要伦理范畴，布拉金娜研究了上下文框架下术语对联合使用的频率。为此，她定义了上下文的界限。根据论著的特点，界限内共包含3个句子，即在使用主要术语的句子之前的句子和之后的句子。因此，术语组的联合使用被严格固定在三个句子的范围内。

只要分析每个主要术语与其他术语的共轭频率，就可以揭示主要术语的语义。然而，布拉金娜还使用了相关系数来确定"主要术语的环境"与每个共轭术语的"环境"的相似程度。研究显示，第一本关于"高尚"的含义的论著中，美德、活动、起源、知识、社会、灵魂、尊严、理性等概念占主导地位（这些品质的排列顺序与它们在揭示"高尚"含义方面的作用相一致）。分析两部论著中的其他主要术语，也得到了相似的结论。

Б. Н. 米罗诺夫借助内容分析，在18～19世纪俄国社会经济史领域取得了有益的成果。① 米罗诺夫整理了 18 世纪 60 年代的 4 份经济问卷的答案。这些反映俄国经济发展的宝贵史料，促进了对 1767 年枢密院关于粮食价格上涨原因调查表的研究。在叶卡捷琳娜二世的建议下，枢密院需要收集 14 个问题的信息，做出总结，并向她报告。这些问题也派发给了 18 位省长和 153 位县级军政长官。调查问卷总共涉及 176 个县，占 1767 年俄国所有县的 56%。

针对该资料，传统的研究方法是单独对每份问卷的内容进行"个性"分析，这就无法充分利用所包含的全部信息。由于 1767 年枢密院调查问卷的原始答案模糊不清、"杂乱无章"，无法进行统计处理。问题答案之所以不清晰，是因为没有预先设定 14 个问题的全部答案选项，而是给受访者留下了一定的自由空间（用社会学家的语言来说，这是一份"开放"的问卷）。

为了对问卷进行统计处理，米罗诺夫（在对问卷中每个问题的材料进行详细分析后）汇总了所有可能的答案，对其进行分组并确定其出现的频次。对于各种问题，答案有 5～31 种。

频率分析的结果表明（根据 1767 年问卷的答案），粮食价格上涨的主要原因是收成欠佳，占 74%。粮食价格上涨的另一个重要原因是粮食购买人数增加，而粮食生产的人数相应减少（47%）。第三个原因是人口密度增加（"县级人口倍增"），占 15%。从调查问卷的答案还可以看出，酿酒（14%）和粮食投机（10%）等也有所增多。

米罗诺夫还运用内容分析方法，处理了大量贸易数据。在全面

---

① Миронов Б. Н., Статистическая обработка ответов на сенатскую анкету 1767 г. о причинах роста хлебных цен. – В кн. : Математические методы в исторических исследованиях.

熟悉经济问卷调查答案中有关贸易的材料后，米罗诺夫结合 18 ~ 19 世纪各省的地形和统计描述，以问卷调查或调查表的形式，制定出了一份原始数据系统化和形式化的方案。米罗诺夫根据 4000 多个展销会材料，计算出了调查表中全部 24 个问题单元的出现频率。分析结果以表格的形式汇总，详细揭示了 18 世纪下半叶至 19 世纪上半叶俄国展销会贸易的结构。①

Б. Г. 利特瓦克在研究 1855 ~ 1863 年俄国农民运动时，借助文献分析的形式化方法取得了重要的研究成果。Б. Г. 利特瓦克指出："……农民运动就属于这种社会现象——数量指标决定了质量，这里指的是对统治阶级的影响力。因此，即使对最戏剧性的事件进行最精彩的描述，也只能是一种说明，并不能为严肃的科学概括提供材料。"②

为研究 19 世纪中期农民骚乱的档案文件，利特瓦克编制了一种特殊的卡片式问卷，以确保能够从文件中提取出客观数据。他设定了一个条件："要排除观察者对被观察对象的影响，即对事实的情绪感知。若要实现这种可能性，问卷的设计必须给出准确且具体的答案，不能有任何假设、猜测或评估。"③ 他把每一次有记载的农民行动事件都记录在问卷卡中；调查表包含了 10 个问题的答案，

①　Миронов Б. Н. , Формализация и генерализация содержания массовых исторических источников（на материалах анкеты о ярмарках 1779 г. ）. - В кн. : Воспомогательные истори ческие дисциплины. Вып. XIII. Л. , 1981; он же. Внутренний рынок России во второй половине XVIII - первой половине XIX в. Л. , 1981.

②　Литвак Б. Г. , Опыт статистического изучения крестьянского движения в России XIX в. М. , 1967, с. 29.

③　Литвак Б. Г. , Указ. соч. , с. 30.

其中三个问题与事件本身的内容有关（事件的本质、具体原因和结果）。其他两个问题应该是为了记录捕捉农民的要求，并说明农民行动的组织程度，还有三个问题涉及反农民阵营（地主和政府代表的行动）。

对收到的29省问卷卡（数量接近1200张）进行分析后，利特瓦克得到了一份农民行动类属形式的清单，共有42种形式，可分为5组：报复和消极抵抗形式，对地主的经济制裁形式，对地主的经济恐怖形式，对地主的"政治"制裁形式，反政府行动形式。利特瓦克将农民运动归入这些类属形式，揭示了动态的农民运动结构（1855～1863年），并找出了每一年最有特点的农民运动形式。

内容分析法也被用来研究农民社会意识问题，比如1905～1907年"农民决议运动"的大量文件（这些文件是寄送给大臣会议和沙皇的决议和请愿书，关于农村集会加入全俄农民大会的决议，寄送给第一届和第二届国家杜马的决议和委托书）。О. Г. 布霍维茨使用内容分析方法，研究了1905～1906年由萨马拉省农民通过的72项政治决议和委托书。[①] 分析这些文件，可以对决议中包含的要求进行分类，并划分出30个类属（要求的类型）。计算所研究文件文本中每个类属出现的频率，结果表明，在萨马拉省农民的要求中，经济问题和一般政治问题广泛存在，而在农民运动中，政治问题的存在本身就是一种本质上的新现象。

О. Г. 布霍维茨还整理了沃罗涅日省农民的决议，通过等级相

---

① Буховец О. Г., К методике изучения "приговорного" движения и его роли в борьбе крестьянства в 1905 – 1907 годах. – История СССР, 1979, № 3.

关性比较了两省"决议"运动的结构。布霍维茨使用计算机，分析出了 200 个决议中各种要求的相互关系，这就为提取"隐藏"信息提供了新的机会，同时，为达此目的，他也计算了每对要求（在一份文件中）成对出现的频率。根据构建的列联表，可以确定相关系数；从它们的大小上，可以区分出密切相关的要求组，这可以解释为农民社会意识的综合因素。

历史学家们将内容分析法应用于新闻材料中的尝试也是合理的。毕竟，内容分析正是从大众传播内容的研究任务中萌生的。正如 B. M. 马兹林所指出的，"这种由社会学家开发得很好的方法（经过相应的调整后），在历史研究中，特别是在当代政治史研究中，是大有裨益、前景广阔的"。① B. M. 马兹林在研究越南现代史中的政治问题时，就对新闻材料使用了内容分析。

И. Д. 阿尔汉格尔斯卡娅的著作在期刊研究中使用了内容分析方法。作者在批评期刊研究的说明性方法的同时，指出了提高资料信息量及其方法的现实意义，其中之一就是对材料的形式化系统分析。②

在寻觅 1910～1914 年"商贸工业报纸"材料的史料学研究方法时，И. Д. 阿尔汉格尔斯卡娅把特定问题作为语义分析单位，把

---

① Мазырин В. М. , Применение методов контент - анализа к материалам прессы. - В кн. : Количественные методы в гуманитарных науках. М. , 1981; он же. Статистический анализ материалов прессы как источника по новейшей истории Вьетнама. - В сб. : История восточных культур. М. , 1976.

② Архангельская И. Д. , К вопросу изучения периодической печати методами контент - анализа. - В кн. : Методы количественного анализа текстов нарративных источников. М. , 1983.

它出现的频率作为计数单位，从出版机构的角度来说，后者可以作为体现问题显著性的指标，继而用来表示对该问题的重视程度和阶级立场。她一共找出了30多个问题，这之中有很多关于德国、俄国两国商贸工业关系的论文和札记，法律草案和改革、其筹备和讨论性文件，辛迪加和信托，俄国的财政状况、财政问题等。

每一份"商贸工业报纸"材料都建立了一张主要信息登记卡，其中记录了分析的类别：日期、部门、专栏、信息标题、作者。对研究材料所属问题的索引，以及与该问题密切相关的问题的索引，都做了特殊标记。

报纸信息形式化的第二阶段，是要明确"文章摘要"。它包括揭示信息的关键要素、定义其类型和评估内容等操作。这里就是内容分析技术可以帮助研究人员的地方了。И. Д. 阿尔汉格尔斯卡娅在"商贸工业报纸"材料研究的论文中，使用了"贯通"、机械和连续等不同的取样原则，介绍了所提出方法的部分应用结果。

是否有可能将内容分析法运用到个人史料中，如此有哪些特点？这些问题在以往文献中多有提及。А. С. 马扎罗夫是最早将这种方法用于个人文件的史料学研究者之一。[①]

В. З. 德罗比热夫的研究就是一个例子，他把内容分析方法应用于各种组织的会议记录之类的常见资料类型中。[②] 他的论文介绍了国民经济最高委员会会议记录的综合统计处理方法，这些会议记

① Маджаров А. С., К вопросу о применении контент – анализа к источникам личного происхождения. – В сб.: Проблемы источниковедения и историографии истории Восточной Сибири. Иркутск, 1982.

② Дробижев В. З., Методы статистической обработки протоколов ВСНХ (1917 – 1929 гг.). – ВМУ, серия "История", 1965, № 6.

录描述了国民经济最高委员会在 1917～1929 年的活动。每份记录
（大约有 200 份）都划分出了一些问题，在国民经济最高委员会的
相应会议上进行过讨论。这样的问题总共超过 11000 个。对国民经
济最高委员会会议记录的内容分析，要按以下三条路线进行。第
一，系统研究国民经济最高委员会的职能；第二，探察国民经济最
高委员会对各工业部门工作的关注度；第三，确定国民经济最高委
员会对国家各经济区的工业的关注程度。

　　为解决以上各个问题，要引入相应的语义单元系统。例如，在
分析国民经济最高委员会的职能时，需将某些问题单独划分成类，
如工人工资、安全技术、工业国有化等。在分析国民经济最高委员
会关于工业发展的工作情况时，要按部门特征对问题进行分组（冶
金、采矿、食品工业等工业部门是分组单元）。最后，第三个任务，
是按经济区对问题进行分组。

　　按照三大方向，对反映国民经济最高委员会工作情况的会议
记录进行处理后，得出了所研究的 13 年中每一年甚至每一季度的
类别的频率。这种方法可以清楚地追踪 13 年的工作动态，看出国
家工业发展的哪些问题在何时变得尤为尖锐和紧迫了。比如，在
对国民经济最高委员会职能的分析中发现，1918 年，工业融资问
题研究得最多（1917～1929 年，总共 826 次讨论，1918 年约有
270 次）。1918 年第二季度，这些问题占国民经济最高委员会审议
问题总数的 22.6%，而在 1917～1929 年，工业融资问题的比例平
均为 7.3%。

　　因此，在内容分析的应用方面，苏联历史学家的现有经验表
明，该方法在研究各种类型的资料方面都是有效的。研究材料的系
统化和形式化方法以及简单的计算，为实现史料内容分析的系统化

方法创造了机会。总之，历史学家可以获得对其结论更有利的论证，而在某些情况下，甚至还可以提取到所研究的历史现象或过程的（"隐藏"在文本中的）新信息。

第三节　历史研究中内容分析"计算机化"的经验

国外第一批关于内容分析的著作出现在 20 世纪 50 年代（其作者是社会学家——分析大众传播内容的专家）。[①] 60 年代末出版的书籍在内容分析的主题上留下了重要的印记。[②] 此类出版物至今仍在发行。[③] 在国外，历史研究中的内容分析方法已经得到了相当广泛的应用，尽管没有像社会学或心理学那样广泛。在历史研究的量化方法的教科书中，已经包含了"内容分析"的部分。[④] 美国的一些期刊定期发表使用内容分析来研究史料内容的论文。[⑤]

[①] Berelson B., *Content Analysis in Communication Research*, New York, 1952; Laswell H. D., Pool, I. de S., *The Comparative Study of Symbols*, Stanford, Calif., 1952; Pool, I. de S. ed., *Trends in Content Analysis*, Urbana, Illinois, 1959.

[②] Holsti O. R., *Content Analysis for the Social Sciences and the Humanities*, Addison-Wesley, Reading (Mass), 1969; Gerbner G., Holsti O. R. et al. eds., *The Analysis of Communication Content*, New York, Wiley and Sons, 1969; Lipset S. M., Hofstadter R. eds., *Sociology and History Methods*, New York-London, 1968.

[③] Rosengren K. E. ed., *Advances in Content Analysis*, Beverly Hills, London, 1981; Smith B. L. et al., *Political Research Methods Foundations and Techniques*, Boston, 1976.

[④] Dollar Ch. M., Jensen R. J., "Historian's Guide to Statistics," *Quantitative Analysis and Historical Research*, New York, 1971.

[⑤] 请参见 журналы "Computers and Humanities"; "Historical Methods Newsletter"; "Computer Studies in the Humanities and Verbal Behavior"。

我们的参考文献中也有一些关于外国历史学家使用内容分析的成果的介绍。① 在此，我们仅就国外历史研究中使用内容分析的一些新趋势做出说明。

这一领域最活跃的历史学家是德国、美国和法国的历史学家，特别是那些与社会学家接触，从事历史社会研究项目的学者。例如，在德国，历史学家使用内容分析的研究是在德国历史学家组织"历史与社会学研究计量与方法协会"（简称 QUANTUM）的领导下进行的，该协会由科隆历史和社会研究中心负责协调。

虽然内容分析在美国的最早应用之一是研究美国政客的传记资料，② 但到了 20 世纪 70 年代末，内容分析在欧美历史研究中的应用范围已经相当广泛。在此仅提及在 QUANTUM 内容分析基础上开展的一些项目：中世纪编年史的内容分析；1848～1849 年德国的贸易政策冲突；1898～1912 年国会议员候选人的社会地位；19 世纪德国的社会抗议；德国主教写给信徒的信中关于婚姻和家庭的问题；新精英的形成；法国地方当局的社会结构和政治功能（1787～1820 年）；遗嘱内容的分析（1648～1791 年）；等等。③

由于本书的篇幅所限，我们仅阐述 H. 贝斯特的一项研究。为了研究 1848～1849 年德国革命期间的贸易政策冲突，贝斯特

① Бородкин Л. И., Соколов А. К., История и изучение социальных процессов（Об использовании массовых источников и количественных методов их анализа в новейшей зарубежной историографии）. - История СССР, 1983, № 1；Воронцов Г. А., Некоторые новейшие направления в буржуазной историографии ФРГ. – ВИ, 1974, № 9.

② Garrathy J. A., "The Application of Content Analysis to Biography and History," in Pool, I. de S. ed., *Trends in Content Analysis*, Urbana, Illinois, 1959.

③ Bick W. et al., *Quantitative Historische Forschung 1977*, Stuttgart, 1977.

以提交给法兰克福议会的请愿书为材料，对其内容和背景展开了内容分析。① 从方法论的角度来看，这项研究的有趣之处在于，以内容分析为基础得出的类属出现频率数据，是用多元统计方法处理的。

贝斯特的初衷迥非寻常。他决意检验马克思主义关于革命期间阶级冲突升级，取消资产阶级、农民、工人的联合政治行动，并将资产阶级推入反动阵营的论题。在我们看来，这项研究是不成功的，它揭示了历史分析中行为主义方法所固有的主要缺陷和不足。贝斯特把对政治问题的研究转移到了围绕贸易政策斗争的请愿书中：建立贸易保护主义的关税政策或批准自由贸易原则，即将笔触对准了保护主义和自由贸易主义的斗争。在总计 30000 份的请愿书中，贝斯特择取了约 3000 份与贸易政策有关的请愿书。签署请愿书时通常会标明职业，这样就可以根据社会类属对签署者进行分类。在确定了类属列表（请愿书中的要求）之后，贝斯特再根据处理后的替代特征的相关系数，找出某些社会群体对签署支持保护主义或自由贸易的请愿书的兴趣。于是，这里就出现了特殊利益群体。

例如，莱茵河地区的葡萄种植者和酿酒师热衷于保护主义关税，而下日耳曼尼亚的商人则明显倾向于自由贸易。贝斯特借助多重相关系数，尝试弄清请愿书中要求的性质在多大程度上决定了某一社会群体的签名。例如，在葡萄种植者和酿酒师

---

① Best H., "Analysis of Content and Context of Historical Documents—The Case of Petitions to the Frankfurt National Assembly 1848/49," in *Historical Social Research: The Use of Historical and Process-Produced Data*, Clubb J. M. and Scheuch E. K. eds., Stuttgart, 1980.

（91％）、工匠（51％）和工人（50％）中，签署支持保护主义关税的请愿书比例非常高。为了了解不同社会群体代表签署不同请愿书的频率与合作对象，贝斯特采用了位置频率分析方法，并辅以多维标度法，找出了不同社会群体的相似程度。例如，工人、手工业者、农民和农业工人在签署保护主义请愿书方面合作最为频繁。采用因子分析，可以弄清这种合作的动机。在这种情况下，鉴定出的主要因素是共同劳作（借助该因素，方差解释率为50.3％）和农村的聚居（21.7％）。然而，使用因子分析的条件和结果被描述得非常之概括，以至于无法判断因素的这种解释是否正确。

贝斯特认为，他的研究成果驳斥了马克思关于1848～1849年革命期间阶级冲突不断加剧的观点，他补充道，至少是在请愿运动中。然而，即使是考虑到贝斯特的补充条件，很明显，围绕贸易政策的请愿运动只是把葡萄种植者、酿酒师、手工业者和工人这样的直接生产者联合了起来。除此之外，绝不能根据小事件的估计得出普遍化的结论。

因此，贝斯特的成果反映了社会冲突的次要方面，原则上不能作为批评马克思主义关于革命时期阶级冲突加剧的论点的论据。要想谈论1848～1849年德国革命期间的政治斗争，显然不能不对整个革命的性质、目标、任务和动力进行评估。对革命中的阶级分布及其斗争的分析，与解决关于权力、关于宪法、关于真正的民主变革等基本问题有关。

虽然贝斯特借助内容分析，得出了关于1848～1849年德国贸易政策冲突性质的有用结论，但是，他也以此为基础做出了野心勃勃、毫无根据的概括。这个例子证明，在应用内容分析时，需要正确设定任务（从真实反映现实的角度来看），并勾勒解决问题的合理方式。

***

到 20 世纪 70 年代初，随着国外机器可读数据档案的发展，在史料内容研究领域出现了内容分析自动化程序应用的研究成果（"计算机化了的"内容分析）。[①] 目前已知有 30 多个自动化文本分析系统，它们在计算机上对文本信息的处理有着不同的目的和能力。在这些系统中，待分析的文本以自然的、未编码的形式从穿孔卡片、磁带或从显示控制台输入机器的存储器中，之后就可以将单调的、繁重的操作转移到计算机上（例如，编制文本中所有词语的列表，并标明它们的频率，搜索关键词，并将它们与各自的"环境"一起打印出来）。执行此类操作，可以使用 KWIC、KWOC 等系统。[②]

然而，关于内容分析自动化，接下来的阶段似乎非常具有争议性。这里说的是文本处理系统，它的基础是一个程序块，可以将文本的特定词翻译成更广义的类属。这种翻译可以使用专家开发的"词典"，并通过自动生成类属来完成。在这两种情况下，机器"输入"所研究的文本，"输出"类属和相应频率的列表，然后进

---

① Mochmann E., "Computer Aided Content Analysis of Historical and Process-Produced Data, Methodological and Technical Aspects," in *Historical Social Research*: *The Use of Historical Process-Produced Data*, Clubb J. M. and Scheuch E. K. eds., Stuttgart, 1980.

② Jenet J. C., "Medieval History and Computer in France," in QUANTUM Information, 1978, No. 5.

行统计分析。最著名的具有固定类属词典的系统是美国哈佛大学开发的 GENERAL INQUIRER 系统。① 该系统的词典将 3600 个 "输入" 词分为 83 个类属 （大部分是社会学和心理学性质的）。

带有固定词汇的其他系统有着更专门的用途。例如，EVA 系统是面向报纸标题的内容分析，ANAKONDA 和 TEXTPACK 系统适用于处理提出 "开放性" 问题的调查表，等等。② 这些系统通常与统计分析软件包连接 （例如，EVA 与 OSIRIS 软件包对接），这样就可以使用一套多元分析方法迅速处理通过内容分析获得的频率数据。

由美国科学家艾克开发的 WORDS 程序就属于带有 "自动" 词典的系统。③ 该程序的目的是完全避免所有先验的分类，消除研究人员的影响，用统计和精确的 "表现内容的方法" 取而代之。在此基础上，为文本内容中的所有单元 （章节、段落、概念、单词） 设置参数，删除所有次要意义的单词。当所有剩余的词都被还原成词根时，再计算所选单元在文本的每个子项中的频率，并为所选的概念组合类型创建一个相关矩阵。通过主成分法 （因子分析的一种方法） 从矩阵中提取因子，并对其进行内容解释。根据艾克的假设，这些因素应该与待分析文件中的内容类属

---

① Stone P. J. et al. eds. , *The General Inquirer*: *A Computer Approach to Content Analysis*, Cambridge, 1966.

② Mochmann E. , "Automatisierte Inholtsanalyse," in Langenheder W. ed. , SIZCOZ Expertisen Ausgewahlte Gebiete Sozialwissenschaftliche DV-Anwendung, Vol. l. St. Augustin, 1976.

③ Iker H. P. , Harway N. J. , "Computer Systems Approach toward the Recognition and Analysis of Content," in Gerbner G. et al. , *The Analysis of Communication Content*, New York, 1969.

相对应。

尽管各种方法的正确性已经被具体研究的经验所证明，但在我们看来，文本内容分析的纯形式化方法，绝不可能满足历史学家的要求。不难看出，形式化的方法会产生许多棘手的问题，其中最难的是对因素的解释。它难度很大，以至于有时不得不完全放弃这种方法。另一个重要的问题是分析中应当考虑变量的数量，因为在自动方法中，可以挑选出无数个变量，但最主要的困难在于，把文本的类属、语义单元的形成这样一个复杂的实质性任务委托给机器的想法本身就是失败的。显然，由于这些问题，WORDS 系统并没有广泛应用于史料分析。由法国年鉴学派的历史学家们创建的 FORCOD 系统在国外历史学家中更流行。① 它能提供源文本的预读，记录最常见的术语，对其进行分类、编码和统计处理。

使用自动内容分析方法处理描述性史料的困难之处，也与它强调分析的语言方面有关。这种分析可能无法充分反映直接或间接存在于史料内容中的时间和空间方面。此外，研究人员必须始终牢记那些决定史料来源且无法通过纯形式化方法披露的历史事件。例如，弄清概念的语义内容随时间的变化是非常重要的。最后，在使用"机器"词典时，很难顾及一个术语的语义内容因其上下文而变化的影响。

应该指出的是，美国历史学家和社会学家也对使用固定自动词典来开发内容分析系统的可行性产生了怀疑，这体现在他们的研究

---

① Couturier M. , "A Method of Data Collection and Processing: The FORCOD System," in Proc. of International Conference on Quantification and Methods in Social Science Research, University of Cologne, 1977.

成果中。① 尽管存在这些困难，自动内容分析的使用在外国历史学家的研究中仍变得越来越广泛。例如，美国研究员 J. 兰德纳（J. Landner）对大格雷戈里和教皇格雷戈里七世的观点进行了比较分析，资料来源于他们的文章和信件中涉及宗教改革与革新的术语的使用频率。②

谈及使用固定词典的自动文本分析系统的应用，必须考虑到的是，这些词典的结构通常是为分析现代文本而创建的。J. 亨德森（J. Henderson）和 C. 道勒（C. Dollar）使用 GENERAL INQUIRER 系统进行的研究，证明了使用此类系统进行历史比较研究的实证论性质。③

该研究分析了杰斐逊的《独立宣言》以及潘恩和狄金森的演讲稿，这些文件标志着美国独立运动的关键时刻。此项研究的重点是这些人物性格的社会和心理方面。在 GENERAL INQUIRER 系统的 *HARVARD* III 词典中，相关类属的数量为 30 个（共 83 个）。在这 30 个类属中，有 "偏差" "灾难" "共性"，有 "经济" "政治" "军事" "法律" "宗教" 方面，有 "权力" "死亡" "危险" 等主题，等等。待分析的文本被机器词典 "翻译" 成 30 个类属的语言。计算每个文本中每个类属的出现频率，就可以得出作者的

---

① Prathas G. , "The General Inquirer, Useful or Not?" in *Computers and the Humanities*, 1969, No. 3; Literary Analysis with the Aid of the Computer, Rewien Symposium, in Computers and the Humanities, 1968, No. 1; Carney T. E. , "Content Analysis: A Review Essay," in *Historical Methods Newsletter*, Vol. IV, No. 2, March 1971.

② Ladner G. , Packard D. , *Gregory the Great and Gregory* VII , *A Comparison of Their Concepts of Renewal*, Viator, 1973, No. 4.

③ Dollar Ch. M. , Jensen R. J. Op. cit. , pp. 210 – 213.

"社会心理"画像。结果发现，在杰斐逊的文本中，"危险""战争""共性""死亡""武力""合法性""遏制"等类属的出现频率，大约是潘恩和狄金森文本中的两倍。与潘恩和狄金森相比，杰斐逊使用"如果""不""经济""宗教"等范畴的频率较低。对比这些频率，这项研究的作者们得出了一个特别出乎意料的结论：杰斐逊本着"英国宪政主义"的精神撰写的文本，在论辩力上远胜于杰出的政论家、思想家潘恩的演说。他们的另一个结论关切到所分析的文本是否符合 18 世纪 60 ~ 70 年代独立运动的真实过程。

我们认为，从美国研究人员的研究结果中很难得出任何正确的结论。*HARVARD III* 确实是由社会学家和心理学家编纂的，他们根据现代英语的语义，将原始术语分为 83 类。更为重要的是，一些高频术语，如军事术语等，既没有包含美国独立运动人物对这一语义类属的态度，也没有考虑到相应的上下文。诚然，应该指出的是，J. 亨德森和 C. 道勒没有将他们获得的机器分析结果绝对化，而是强调这些成果不能抹杀精细的传统分析的需要。尽管如此，他们的补充说明也不能弥补其结论的不足。

***

我们认为，在对史料文本进行内容分析时，电子计算机的功用对于实现内容分析的某些潜力来说是非常重要的。

一是确定术语在文本中出现的频率（当它们是语义单位——类属的情况下）；二是确定由术语组组成的类属出现的频率（在上下文对类属的识别没有重大影响的情况下，例如术语是地理名称，而类属对应于此类名称组）；三是由研究人员创造语义单位——类属，计算机可以打印出所有词语的字母表以及上下文（由若干单词组成的组）；四是使用一套统计分析程序处理获得的频率数据。

再次强调，"机器就是机器，而人是有创造力的"。完成内容分析的最关键阶段（类属的提炼、结果的解释），理应是研究者的特权。

＊＊＊

内容分析是对文本内容进行分析的一种可行方法。当文本的语义单元出现的频率能够说明其内容的基本方面时，它就可以成为提取隐藏信息的有效手段。内容分析是对传统文献分析方法的补充，除了这种方法外，还可以采用其他形式化的分析方法。例如，如果在需要恢复文本的逻辑结构、揭示其本质结构的交互逻辑、构建政治论证的模型的情况下，文本重塑的方法将大有作为。①

＊＊＊

随着机器可读数据档案的建立，在内容分析程序中，计算机的应用前景大好，未来可期，这一过程甚至影响了内容分析的定义。譬如，教科书编者 К. Б. 格尔曼－维诺格拉多夫给出的定义是：

---

① 请参见 Луков В. Б.，Сергеев В. М.，Опыт моделирования мышления исторических деятелей. Оттофон Бисмарк，1876 – 1886 гг. – В кн.：Вопросы кибернетики.（Логика рассуждений и ее моделирование）. М.，1983，с. 148 – 161。

"内容分析可以被描述为使用形式化的研究结果和统计程序对大量传统文本集（或相同的机器可读记录集）的内容的分析……"①

西欧建立机器可读数据档案馆（库）的进程尤其迅速。法国、比利时、意大利、德国等国家相继建立了几十个中世纪史档案馆。Т. Л. 莫伊谢延科的一篇评论详细讨论了这一过程。②

例如，比利时已经建成了一个统一的国家中世纪文本机器档案馆，该馆保存了1200年以前比利时的全部叙述体史料和文件史料。法国也将1120年以前的所有现存法国文献资料录入计算机存储器。意大利的机器可读数据档案，涵盖了1200年以前比萨的所有文件。③ 这些档案通常都提供计算机软件包，以实现内容分析自动化的结构性潜力（这些软件主要是文本词汇的统计分析程序，可以计算术语使用频率的特点及其关系）。

第四节　关于建立苏维埃代表大会代表履历信息多元分析数据库的经验

历史学家们常埋头于浩如烟海的史料当中，利用多元统计分析和计算机方法来处理史料，由此积攒了丰厚的工作经验。这些经验与建立海量史料数据站、机器可读信息库，将它们转化为一种独特的、可多次使用的工作档案有着不可分割的有机联系。在我国农业

---

① Гельман – Виноградов К. Б. Указ. соч. , с. 45 – 50.

② Моисеенко Т. Л. , Применение количественных методов и ЭВМ в зарубежной медиевистике. – В кн. : Математические методы и ЭВМ в исторических исследованиях. М. , 1984.

③ L'histore medievale et les ordinateurs. Rapp, d'une Table rond intern. Paris, 1978, Publ. aves. ann. , par Werner K. F. – Munchen etc. , 1981.

史研究领域、工人阶级史研究领域，即在那些研究人员长期深耕的领域，为了解决科研难题，几乎同时提出了创建机器可读数据综合体的问题，看来，这不是巧合。①

在电子计算机上创建历史信息档案库，② 大大增加了海量资源的信息"输出"。事实上，存储在机器可读数据档案中的海量数据资料（如磁带），是可重复使用的；它们可以由不同的研究人员进行分析，也可以用于不同的研究目的。有了计算机和各种各样的软件，就可以利用一系列的统计方法，对机器可读数据档案中的档案数据进行快速且多样的处理。

莫斯科国立大学历史系对此开展了系统性的工作，建立了本国史的机器可读数据档案，收集并积累了大量关于17～20世纪俄国社会经济史的资料。这些被转换为机器可读形式（穿孔卡片）的史料数组（信息块）创建于数年之间，它们面向不同类型的计算机和不同的资料处理系统。因此，近年来，这些数据一直以统一的形式记录在磁带上，这保证了它们的长期储存，使它们紧凑密实（对于数量庞大、多达几万甚至几十万张的穿孔卡片来说，这一点很重要），并在研究历史发展的重大问题时，为各类资料的综合研究创造了机会。

当前，历史系的机器可读数据档案馆里的通用档案，包含了两大类海量史料数组：第一类是社会经济对象的资料（农户、企业、县、省等），第二类是个人的资料（例如履历表或登记册类的数据

① Бородкин Л. И., Ковальченко И. Д., Соколов А. К., Массовые исторические источники и проблемы создания архивов машиночитаемых данных. – В кн.: Актуальные проблемы источниковедения и специальных исторических дисциплин. Тезисы докладов Ⅳ Всесоюзной конференции. М., 1983.

② Гельман – Виноградов К. Б. Указ. соч.

文件）。

档案中每种类型的数据都有一套相应的程序，用于在计算机上对其进行处理。这是几十个可以实现统计分析的主要方法的程序，当中有相关分析和回归分析的各种方法以及多元统计方法（因子分析、成分分析、聚类分析）等。还有一些具有"服务"性质的程序（用于转换原始变量、输出图形信息等的各种方法）。所有这些程序主要是靠 FORTRAN 算法语言实现的，并面向与上述数据类型相应的记录格式。

自 1983 年以来，由于莫大历史系安装了可以与莫大计算机中心的 BESM－6 计算机相连的显示器，机器可读数据档案馆的使用效率大为提高。有了显示器后，研究人员就可以反复实时访问机器档案，并根据中间结果，调整数据的处理过程。于是，历史学家参与机器数据档案工作的一种便捷方式——"人机"对话的互动（交互模式）就形成了。

几年来，莫大历史系成立的关于工人阶级历史的跨教研室问题小组（由 B. 3. 德罗比热夫和 A. K. 索科洛夫领导）一直不辞劳苦，终于建成了一个数据库。库中包含了 1918～1936 年召开的俄罗斯苏维埃联邦社会主义共和国和苏维埃社会主义共和国联盟苏维埃代表大会参会代表的履历信息。该研究的部分成果载于 A. K. 索科洛夫和 Л. И. 鲍罗德金的论文中。①

---

① Бородкин Л. И., Соколов А. К., О методах обработки данных анкет делегатов съездов Советов. - В кн.: Актуальные проблемы архивоведения и документоведения в свете решений XXVI съезда КПСС. М., 1984；они же. Опыт создания базы данных на основе анкетных сведений о делегатах съездов Советов. - История СССР, 1984, № 2.

***

　　之所以研究苏维埃代表大会代表履历表这类的海量史料，主要是因为如若不对工人在苏维埃的活动加以研究，就不可能深入探索苏联工人阶级的历史。这一资料，为工人阶级历史学家分析最高权力机关的社会结构，探究共产党成立过程中的战略和战术提供了良机。

　　苏维埃代表大会的参会代表们提交的履历，总数超过了30000份。各次代表大会履历表的数量不尽相同。联盟代表大会是最具代表性的。俄罗斯苏维埃联邦社会主义共和国苏维埃第八次至第十次代表大会也很有代表性。在苏联的建设过程中，大会代表的选举名额也发生了一些变化。因此，所创建的数据库具有动态性和紧凑性特点。

　　苏维埃代表大会参会代表的履历信息，不仅为工人阶级史的研究提供了机会，还有助于研究苏联和俄罗斯苏维埃联邦社会主义共和国的民族与国家建设、农民史、劳动知识分子史等许多问题。

　　在档案工作的初始阶段，这种定位最为重要。在此过程中，履历信息被转移到特殊的表格中，以便随后输入计算机内存。表格中的信息被轧入穿孔卡片（或从显示控制台输入），然后记录在储存于计算机中心的磁带上。我们开发出了一种特殊的信息记录方式，可以以机器可读的形式，尽可能详细地再现档案中保存的履历内容。

　　历史学家在实践中已经证明，必须以接近原始的形式再现大量史料信息。在这种情况下，历史学家的方法与其他社会科学专家的经验有些许不同，因为历史学家不得不处理沉积已久的信息综合体。

　　之所以要最详细、最完整地记录原始数据，另一个重要的考虑是，履历表中的特征值只有在工作过程本身中才会被揭示。在我们的情况中，采取的是一种信息部分形式化的方法。用于识别每位代表身份的必要信息（例如姓氏和首字母缩写、年龄、入党时间等）传输到机器载体中的形式与其反映在履历表中的形式几乎相同。而其他信息则本着节省计算机内存、方便资料处理的目的，通过编码方法得以形式化。履历数据采用"开放式"编码，即随着数据多样性的显现，每个数据获得一个数字或字母代码。经此操作，每次代表大会都能得到一本独特的履历信息词典。

　　在将数据传输到计算机内存的过程中，实际上同时复制了档案全宗中存储履历表的系统，因此，创建的数据库等同于档案材料。存储系统的复制和档案文件要项的利用，有时也为收获额外信息提供了机会。例如，档案全宗中，有表决权和发言权的代表的履历是分别保存的。所以，根据这些履历表，就可以获悉每位代表在代表大会上的权利。

　　以原始形式记录在计算机内存中的档案文件信息，可用于解决信息备查问题。因此，可以根据任意特征或特征组，获得具有其所有属性的代表名单，比如不同国家、行政—领土主体、机构的代表名单，按性别、年龄、国籍等划分的代表名单等。原始数据可以用来核对不同时期该代表（在国内广为人知的人物）的真实履历。最后，可以根据履历表中包含的并记录在机器内存中的全部特征值，对参会代表的构成进行定量分析，比如算出有多少男性或女性出席了大会，有多少共产党员、非党员、工人、农民、职员，等等。

使用数据库还应注意到，从档案文件中复制到计算机内存中的初始履历信息需要仔细核实。与传统的档案文献研究方法相比，创建数据库的主要优势在于，数据库可以通过各种程序来操作管理，由程序对机器可读数据进行转换和处理。

获取履历表的特征值的简单分布，可以看作数据库管理的第一个操作。这一步骤评估了实际资料的质量（可靠性、代表性等）。事实上，代表大会的资格审查委员会在处理代表履历信息时，通常不把履历表中的大部分问题列入。我们对几次大会数据的简单分布做了分析，结果表明，由于问题表述不恰当、答案不准确，数据有时无法处理是合乎情理的。然而，反映参会代表成分的信息虽然是非常重要且可靠的质量数据，但往往无法处理，这类信息有参会代表的职业、在政府机关中的任职岗位（在所有代表大会的履历表中，自1919年全俄苏维埃第七次代表大会算起）、党龄、受教育程度等。

在所有苏维埃代表大会的材料中，有一个相当稳定的可比指标范围，这些指标按共和国、省（州）、民族、党籍、机构和组织、性别、年龄、受教育程度等特征来描述代表的成分。此外，还存在一种问题"块"，它们与特定时期的履历表有关，能够大大增加履历信息的史料价值。

在十月革命和国内战争时期，履历调查表着重询问十月革命以前代表们参加革命斗争的情况。在全俄苏维埃第三次代表大会（1918年1月）的履历表中，这类问题尤多。这类问题有利于追踪代表们参与武装斗争、罢工运动，被监禁、流放和移民等情况。

在战后恢复时期，履历调查的重点是代表们的社会职业背景，这有助于判断苏维埃政权机关的阶级基础。同时，通过履历表，可以追溯前一时期代表们的政治面貌、国内战争期间参与地下工作以及捍卫革命成果的情况。在这方面，俄罗斯苏维埃联邦社会主义共和国苏维埃第九次、第十次代表大会以及苏联苏维埃第一次代表大会的履历调查表有着特殊的意义。

代表大会履历调查表中的许多问题，涉及某一时期的特殊历史形势。例如，全俄农民代表苏维埃第三次代表大会的调查表揭示了《土地法令》《和平法令》在实践中的执行情况，以及农民对立宪会议的态度等。在俄罗斯苏维埃联邦社会主义共和国苏维埃第六次代表大会（1918 年 11 月）调查表中，谈到了苏维埃和贫民委员会之间的关系。俄罗斯苏维埃联邦社会主义共和国苏维埃第七次（1919 年）和第八次（1920 年）代表大会调查表，阐明了代表们在干涉者占领区参与地下工作的情况。因此，数据库的潜在信息能力是相当大的。

履历调查表里的大多数特征（变量）是定性的，也就是说，它们没有数量尺度或数字当量（职业、国籍、党籍等）。分析这种特征，要使用不同的分组方法和分类转换方式。在电子计算机上建立数据库并对其实行程序控制，有利于这类操作的自动循环。与此同时，使用计算机来操作原始数据，其优势是显而易见的：特征越接近于原始记录的形式，就越符合研究者的要求，越能保证数据的准确性、完整性、代表性和可比性。可比性问题对于所研究的数据处理系统是十分重要的，因为调查表中的内容，有时就连信息登记方式，都会随着时间的推移而发生改变。例如，民族、行政区域划分的变化意味着，只有在（按地区甚至整个区域）放大层次的条件下，各次代表大会的履历信息才能在这一特征上具有可比性。

信息的分组对于后续分析关系和编制特征关联表的操作是必要

的。它有助于合并类属，使表格便于读取。我们的数据库管理提供了不同的方法来衡量定性（名义）特征之间的关系，如信息系数、基于 X^2 的度量（丘普洛夫系数和克莱默系数）等。在计算机上计算这些系数，伴随着成百上千个特征列联表的输出，考虑到这一点，数据库配备了概括这些结构信息的有效工具。它们是一些计算机程序，其目的是找出相互关联的特征组，根据重要属性的特征集，来确定苏维埃代表大会代表的社会类型；当然还包括了多元分析的其他程序。使用苏维埃代表大会代表履历信息的机器可读数据档案后的首批成果，已经显示了所开发的系统对海量资料的存储和处理效率。[①]

---

① Бородкин Л. И. , Соколов А. К. Указ. соч.

第七章

古文献类型学

——文献考证中关联对象分类法的运用

　　古代文学作品大多是以手稿（抄本）的形式保存的，此类文本分析对研究人员来说是一项复杂而艰巨的文献学任务，需要考证抄本的年代、找出原作者的版本（或接近于原文的版本）、厘定版本等。如果我们设法为所研究的文献抄本建立一个形式化的分类，也就是说，从外部特征分析入手进行分类，来比较现有抄本的异文（变体），那么，就会大大促进这些问题的解决。对此，Д. С. 利哈乔夫曾指出："……文献学家的任务，是在时间上合并作品的抄本，找出它们之间的顺序。为此，最先要做的工作，就是根据外部特征进行分类。"①

　　任何一种分类方法，都必须以抄本复制（或"错误"产生）过程的某个形式化模型为基础。该模型对此过程的要求越严格，相应的形式化分类就越"详细"；反之，模型的条件越不严格，越接

---

　　① Лихачев Д. С. Текстология. М. – Л. , 1962, c. 225.

近于抄本复制的真实过程，构建的分类就越通用。可以说，丢失"细节"是形式化分类真实、可靠的"代价"。

下面，我们将以古斯拉夫文献《法人法典》的文本研究问题为例，探究构建抄本分类数学模型的基本方法。①

第一节　古文献分类法的数学模型

1. "簇法"

这种为抄本构建谱系树（stemma）的方法，是由法国版本学家J. 弗罗日（Dom J. Froger）提出的。②"簇法"的前提假设是：（1）每一抄本都只有一个原稿；（2）每一抄本都包含其原稿的所有错误；（3）在各不相同的原稿的抄本中，没有相同的错误。

"簇法"的基本思想非常简单：如果抄本的"后代"获得"祖先"的所有特征，那么，抄本复制的历史将会在抄本的异文中以一种非常明确的方式被译成编码。实施"簇法"的过程恰是在异文结构分析的基础上进行"解码"的过程，而抄本树状图的构建，则是破译的结果。应该指出的是，"簇法"的一个优点是，能够找出一些没有被保存下来的抄本，指出它们在树权上可能的位置。

研究人员使用"簇法"的主要阶段，可以简单地用集合论和图论的语言加以形式化。当然，同任意模型一样，弗罗日的模型简化了抄本复制的实际过程，但问题是在研究某一具体作品时，弄清楚该模型在多大程度上反映了文本的真实历史。

---

① Закон Судный людем（Краткой редакции）. Под ред. М. Н. Тихомирова. М. , 1961.

② Dom J. Froger. La critique des textes et son automatisation. Paris，1968.

Л. В. 米洛夫和 Л. И. 鲍罗德金的研究成果, 介绍了 "簇法" 在研究古罗斯文献史中的应用经验。①

在选择某部作品作为研究对象时, 我们主要以这样的先验性假设为指导: 抄写抄本的过程大致具有 "机械性", 因此与 "簇法" 所依据的模型概念很接近。根据这一要求, 我们选择了斯拉夫法律的最古老法典之一《法人法典》。事实上, 作品 (法典) 的性质本身已对复制过程施加了严格的限制, 使该过程更接近于模型。《法人法典》长期以来是历史学家、法律学者和语言学家的研究对象。我们采用的是科学院出版物《法人法典》简明版, 当中涵盖了 54 个抄本, 通常划分成组 (即结合了共同点和异文的抄本组)。这 54 个抄本都是 13 ~ 17 世纪的文献; 专家将其分为 4 组 (见附录)。

由于 "簇法" 的使用需要将抄本与 "引本" 做比较, 因此引本选的是 1280 年诺夫哥罗德抄本, 即最古老的文本。

与诺夫哥罗德抄本相比较, 我们得出了抄本文本的异文 (变体), 并对所有异文进行了编码。《法人法典》文本的编码材料共有 15000 个异文变体。这些记录在穿孔卡片上的材料, 成为 "簇法" 使用时的原始信息。

在电子计算机对全部信息进行处理的过程中, 出现了一些 "异常", 异文的实际结构与模型要求之间产生了矛盾, 其中一部分 (由于 "频率的类属") 自动消除了, 而另一部分则需要历史学家的专业评估。总的来说,《法人法典》抄本的真实复制过程, 可以

---

① Бородкин Л. И., Милов Л. В., О некоторых аспектах автоматизации текстологических исследований. – В сб.: Математические методы в историко – экономических и историко – культурных исследованиях.

用"簇法"模型来描述，异常现象的数量和性质为这一结论的产生创造了机会。

在电子计算机帮助下构建的谱系树，反映了《法人法典》文本的历史，给出了很多有趣的研究结果。树状图共有四个分支，每一分支都可以单独作为一棵母树，即每一分支上的所有抄本，都有一个共同的"祖先"，而这些分支在树状图上"互不交叉"。我们构建的谱系图没有明显的时序矛盾，也就是说，不存在任意一条抄本"链条"，其上，"祖先"标注的年代晚于"后代"的年代，哪怕该链条上仅有两份注有日期的抄本。值得注意的是，《法人法典》研究者们所持的观点，与当前树状图的结果完全一致，在很多情况下，树状图不仅证实而且澄清了专家们对抄本分支结构的猜想。树状图上抄本的关系可以为新的假定提供动力；而树状图上的"没有保存至今的"抄本，可以成为丢失环节得以重现的基础（见图 7-1）。图 7-1 中的空心圆表示机器计算的未保存抄本。

由于树状图是"悬挂"在选定的原始抄本下的，所以，研究的最后阶段——树状图的"定位"是非形式化的，是用一个更合理的抄本替换原始抄本（树状图上所有抄本之间的关系保持不变）的过程。历史学家对《法人法典》树状图进行了调整。经确认，原始抄本是乌斯秋格抄本的非现存原稿。①

2. "抄本间距离"模型

当弗罗日的模型不符合文本的真实历史，继而无法用"簇法"构建树状图时，就需要开发对抄本复制过程的要求不那么严苛的其他模型了。弗罗日也开发了一种这样的模型。该模型只包含了一个

---

① Бородкин Л. И. ，Милов Л. В. ，Указ. соч. ，с. 187 – 190.

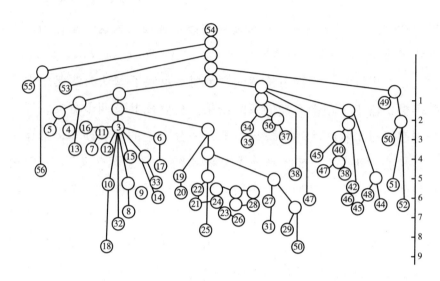

图 7 - 1 使用"分组"方法获得的《法人法典》列表的谱系

注：右轴表示（1）14 世纪；（2）15 世纪初；（3）15 世纪末；（4）16 世纪初；（5）16 世纪中；（6）16 世纪末；（7）17 世纪初；（8）17 世纪中；（9）17 世纪末。

关于复制过程特点的假设，它就是：给定一对抄本的源流越"相似"，抄本文本的差异就越小。这种模型显然比上面讨论的模型更符合古代作品的实际复制过程。弗罗日提出了一种方法来构建抄本分类，即所谓"距离法"。通过计算不同的异文，对每对抄本的文本进行比较。由此得出的数字 $\tilde{a}_{ij}$ 被称为 i 抄本和 j 抄本之间的"距离"。现存抄本的这种成对比较结果，可以表示为一个大小为 $n \times n$ 的方形矩阵 $\tilde{A}$，其中，n 是抄本的数量。显然，这种矩阵的对角线由零元素组成（$a_{ij} = 0$，i，$j = 1$，2，$\ldots$，n）。

距离法的程序与相关同位素组法的已知算法几乎一致。[1] 要

---

[1] Терентьев В. П. , Метод корреляционных плеяд. – ВЛУ , 1959, № 9.

想测算矩阵上非对角线元素的最小值 $a_{i,j_i} = \min \{a_{ij}\}$，就要挑出最相近的抄本 i_1 和 j_1。然后确定矩阵剩余非对角线项中的最小元素，并选择下一对最相近的抄本，以此类推，直至所有的抄本都被用完。倘若把这一过程的结果展示在图表中，就能够看出抄本的"密集度"了。我们用这种方式构建的抄本分类以关系图的形式呈现，图中，小距离对应的成对顶点（抄本）通过边连接起来。

还有一种模型也属于此类，它包含了一个更具体的关于抄本来源相似性的假设。[①] 假设认为，某对抄本的文本差异越小，这些抄本在谱系上的关系就越"紧密"。因此，如果两个抄本的文本差异最小，那么，该关系就应该是原稿与副本的关系。这种模型使我们可以在同一距离矩阵的基础上，构建一个树形的抄本关系图；选择一个相当古老的抄本 X_i 作为"原稿"，我们可以将拟构的树安放在它上面，从而得到一个根为 X_i 的母树。由这种"定位"得出的树状图，反映了抄本的谱系关系，而这些抄本是由引入的相似性定义得出的。该树状图的构建方法给出了一种寻找总长度最长的树形图的已知算法。[②]

在《法人法典》抄本的谱系关系构建中，运用这种算法是相当成功的。分析计算机生成的树状图（见图 7-2），我们注意到，在 53 条关联中，只有 4 条与"时序数据"相矛盾，也就是说，当该抄本的副本是更古老的抄本时，不符合实际情况（这种关联

① Бородкин Л. И., Морозова Л. Е., Опыт использования математических моделей и ЭВМ в текстологических исследованиях, – В кн.: Количественные методы в гуманитарных науках. М., 1981.

② Басакер Р., Саати Т., Конечные графы и сети. М., 1974.

用虚线表示）。对比图7－2和由"簇法"得到的图7－1，可以看出，它们之间的主要区别是后者有"空心圆"，它反映了丢失抄本存在的可能性。正是"空心圆"的存在，解释了该树比第二棵树更枝繁叶茂的原因。这些树状图的基本特征是非常相似的。

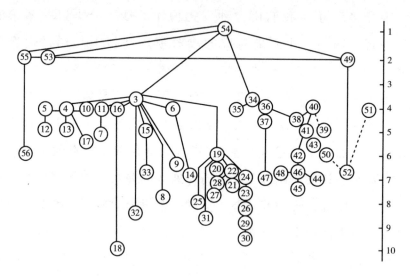

图7－2 使用"分组"方法获得的《法人法典》列表的谱系

注：右轴表示（1）13世纪；（2）14世纪；（3）15世纪初；（4）15世纪末；（5）16世纪初；（6）16世纪中；（7）16世纪末；（8）17世纪初；（9）17世纪中；（10）17世纪末。

使用抄本文本的相似矩阵，是构建抄本形式化分类法的一种方式。与之相比，"簇法"最大限度地利用了异文的信息。而且，对异文关系的性质有着相当严格的要求，只有满足了这些硬性条件（即在没有"异常"的情况下），才能实现搭建抄本谱系树的逻辑程序。使用了抄本相似矩阵的方法，是保证可以得到抄本的分类的。然而，该方法与相关同位素组法有着同样的缺点，其程序"只考虑到同位素组之间的某些最大关系，而没有考虑到平均关系，因此在应用中，只有在最简单的情形下才能给出令人满意的结果"。①

　　比如，若要利用算法创建总长度最长的树形图，往往需要从几个非常相近的数值中选择一个最大数。这时，所选元素的值超出其余"候选对象"值的数量最好可以忽略不计，这一点具有决定性意义。当这种超越具有随机性时，该算法会导致树状图上的抄本关联结构出现明显扭曲。

　　因此，抄本的形式化分类尽管非常"详细"，但不够可靠。寻觅更可靠的抄本分类途径，需使用新的多元分析方法，要侧重于关系结构信息的聚合、汇总。

　　3. 抄本分类的聚合模型

　　设所研究作品的抄本文本有一个大小为 $n \times n$（根据抄本的数量）的相似度矩阵 A。根据上述假设，"近亲抄本"应该比"远亲抄本"对应于更高的 a_{ij} 值。在这种情况下，矩阵 A 应该具备一个固定的结构——一个抄本分支的抄本的相似系数，整体上高于不同分支的抄本的相似系数；在一个抄本分支内部，较早的抄本与较晚的抄本的相似系数，应该低于较早的抄本之间的相似系数。最后，不同的分支或"种类"一般具有不同程度的"来源相似性"，这也体现在对应的相似系数值上。

　　与上面讨论的"谱系"模型相比，聚合模型的出发点是，对于整组抄本来说，来源相似度与 a_{ij} 值之间的上述依赖性应该满足平均水平。然偶有个别，某些成对抄本可能会违反这种依赖关系，但如果大多数抄本满足了上述依赖关系，那么，抄本聚合分类的构建结

① Браверман Э. М., Дорофеюк А. А., Лумельский В. Я., Мучник И. Б., Диагонализация матриц связи и выявление скрытых факторов. - Труды Института проблем управления, вып. 1, 1971, с. 1.

果就没有变化。换句话说，我们推测，从现存的很多抄本中，可以区分出"出处接近"的抄本组，这些抄本的特点是文本互相歪曲的程度不大；对同一组别的抄本来说，其相似系数值相当大，而对于不同组别的抄本来说，相似系数值较小。同时，不同组别抄本的相似系数值 a_{ij} 的平均值，代表着这些抄本组的总体"来源相似性"。

因此，所描述的聚合模型设定了矩阵 A 的某种"块状"结构。若要识别这一结构，并由此构建抄本的聚合分类法，可以使用近年来开发的关联对象分类的近似方法。[①] 实施这种方法，需要一定数量的种类，并指明它们之间的关系结构（个别情况下，这种结构可以定义独立的组集）。在处理对象关系矩阵的过程中，寻找已知聚合质量标准达到最优值的对象分类方法。由此生成的对象组具有"同质性"特征，即每一类中的对象有着相似的关系结构。所得种类间的相互关系由每对种类中的对象间的关系的平均值来表示。

必须指出，普通分类方法是根据对应特征值的相似程度来实施对象分组的，而本方法与之不同，是根据关系结构的相似程度来创建分组的。

第二节 《法人法典》抄本的合并分类法

若要验证合并分类的统计学方法是否可行，也可以将《法人法

---

① Мучник И. Б. , Анализ структуры экспериментальных графов. – Автоматика и телемеханика，1974，№ 9；Бородкин Л. И. ，Алгоритм построения агрегированной структуры разбиения для взвешенных графов. – В кн.：Модели агрегирования социально – экономическойинформации. Новосибирск，1978.

典》54 个抄本文本作为材料。第 i 个和第 j 个抄本的相似系数表示为：

$$a_{ij} = Q_{ij}/N, \quad i,j = 1,\ldots,n$$

其中 N 是文本中单词的总数；Q_{ij} 是第 i 个抄本中与第 j 个抄本有着相同写法的单词数。

显然，$a_{ij} = a_{ji}$，$0 \leqslant a_{ij} \leqslant 1$。在我们的情况下，系数值 a_{ij} 的范围为 0.60 ~ 0.99（$i \neq j$）。

《法人法典》抄本关系结构的聚合实验，一共研究出了 3 种程度的合并方案，分别将其划分为 4 类、6 类和 8 类。之所以选择这 3 种程度，是希望将实验结果与已知的文献抄本的 4 分支分类进行比较（从每个大分支——丘多夫抄本、索菲亚抄本中，区分出两种类型）。类间关系结构表示为一个完整的关系图，也就是说，该图考虑到了每一类与所有其他类的关系，而不仅仅是"组内"关系。

当划分为 4 类时，与《法人法典》4 大抄本的分类完全对应，它们是丘多夫抄本、索菲亚抄本、《正义的标准》（Мерило Праведное）和最古老抄本。如果分为 6 类，则两大抄本（丘多夫和索菲亚）各分成两类，《正义的标准》抄本和最古老抄本则分别归类。当分为 8 类时，丘多夫抄本和索菲亚抄本分别分成 3 类，其他两大抄本仍单独分类。应当指出的是，在索菲亚抄本、丘多夫抄本的"类型"与分支内的抄本被划分出的种类之间，很难建立匹配关系。看来，在评估来源的相似性方面，抄本的相似系数 a_{ij} 还不够敏锐。

如果说一对抄本文本的相似程度还包括两抄本文本相对于原文（或者只是足够古老的）文本的谬误分布的相似性，那么，这一概念的内涵就更加丰富了。① 此观点系 Л. В. 米洛夫教授所持。问题是，相似系数 a_{ij} 并不包含异文的"远古性"信息，也不包含它们相对于原始古代版本的歪曲程度。然则此处需要重点考虑的不仅是此对抄本文本中的谬误数量，还有这些谬误在抄本篇章内的分布性质。如果两抄本的相似系数 a_{ij} 是一个固定值，并且，两抄本代表了古文本谬误分布的不同类型，那么相似系数的值应当向小"校正"。比如，如果大多数谬误在第一个抄本中位于文本的开头处，而第二个抄本中位于结尾处，那么，谬误分布的这种差异，应该会使抄本相似系数的值明显减小。显然，经此修正后，形式化系数 a_{ij} 更加符合这对抄本真实的"来源的相似性"了。

使用相关系数作为衡量一对抄本文本谬误分布相似性的标准，是纠正 a_{ij} 系数的一种可行方法。

调整《法人法典》抄本的相似系数时，选择年代最久远的抄本，即同画树形图一样，选择 1280 年诺夫哥罗德抄本作为原本。

抄本相似系数的修正值在 $0.40 \leqslant b_{ij} \leqslant 0.92$ 区间内徘徊。矩阵 $\| b_{ij} \|$ 的结构在上述算法的帮助下因合并而扩大了。同时，还应对 4 级、6 级和 8 级分类进行分析，以期了解这些分类在调整后的变化情况（见表 7 - 1 至表 7 - 3）。

---

① Бородкин Л. И., Математические модели классификации древних текстов, – В кн.: Методы количественного анализа текстов нарративных источников. М., 1983.

表 7 - 1　　《法人法典》54 份抄本的 4 分法

类别	划入该类的抄本编号
I	3 ~ 33
II	34 ~ 48
III	49 ~ 52
IV	53 ~ 56

注：抄本编号完全对应目录，表 7 - 2、表 7 - 3 同。

表 7 - 2　　《法人法典》54 份抄本的 6 分法

类别	划入该类的抄本编号
I	3 ~ 6、8 ~ 13、15 ~ 19、31、32、33
II	20 ~ 30、7、14
III	34 ~ 38、47
IV	39 ~ 46、48
V	49 ~ 52
VI	53 ~ 56

表 7 - 3　　《法人法典》54 份抄本的 8 分法

类别	划入该类的抄本编号
I	3、6、8、11、15、16、18、19、31、32、33
II	4、5、9、10、12、13、14、17
III	20 ~ 30、7
IV	34、35
V	36、37、38、47
VI	39 ~ 46、48
VII	49 ~ 52
VIII	53 ~ 56

调整后的分类与之前相比，相同的是，《正义的标准》和最古老抄本仍然单独成类。根据文本谬误分布的相似程度对抄本相似系数的调整，确实改进了《法人法典》抄本的分类。因此，可以对先前难以解释的类进行解释了。

为此，我们指出，根据 B. П. 柳比莫夫的分类，第 3～18 抄本属于罗森坎普夫类型，第 19～33 抄本属于费拉蓬托夫类型。① 根据 B. П. 柳比莫夫的分类，很明显，Ⅰ类（见表 7-2）主要是罗森坎普夫抄本，而Ⅱ类是费拉蓬托夫抄本（见表 7-2）。罗森坎普夫抄本"分崩离析"，化为两类（Ⅰ和Ⅱ），而Ⅲ类可以解释为费拉蓬托夫抄本。

索菲亚分支的手抄本（见表 7-3）被分为 3 类：Ⅳ类包括诺夫哥罗德－索菲亚分支手抄本，而Ⅴ类和Ⅵ类包括维亚兹尼科夫分支。Ⅴ类包含的是起源更古老的抄本，它们有着紧密的谱系联系，这可以从"簇法"绘制的《法人法典》抄本的树状图中看出。Ⅳ类和Ⅴ类（对比表 7-2 和表 7-3）则由Ⅲ类"分解"而来（见表 7-2）。

"结构"矩阵 $\parallel C_{pq} \parallel$ 为说明每种分类法的平均类间关系，提供了有用的解释材料。分析结构矩阵（见表 7-4 至表 7-6），我们注意到，每行中的最大数都位于每个矩阵的对角线上。这表明，当同类抄本之间的关系平均大于这些抄本与其他类抄本之间的关系时，就形成了类。因此，类是从相似的抄本中形成的。

---

① Правда Русская, т. 1. Тексты. Под ред. Б. Д. Грекова. М. - Л, 1940.

表 7 - 4　抄本 4 分法的平均类间关系结构

类别	类别			
	I	II	III	IV
I	0.80	0.56	0.45	0.58
II		0.82	0.48	0.58
III			0.86	0.64
IV				0.78

表 7 - 5　抄本 6 分法的平均类间关系结构

类别	类别					
	I	II	III	IV	V	VI
I	0.85	0.78	0.57	0.55	0.45	0.58
II		0.79	0.57	0.55	0.45	0.58
III			0.85	0.79	0.49	0.59
IV				0.84	0.46	0.57
V					0.86	0.74
VI						0.78

表 7 - 6　抄本 8 分法的平均类间关系结构

类别	类别							
	I	II	III	IV	V	VI	VII	VIII
I	0.87	0.80	0.78	0.56	0.57	0.55	0.44	0.58
II		0.86	0.78	0.57	0.57	0.56	0.46	0.59
III			0.81	0.56	0.57	0.55	0.44	0.58
IV				0.94	0.81	0.78	0.51	0.60
V					0.87	0.79	0.49	0.59
VI						0.84	0.46	0.58
VII							0.86	0.64
VIII								0.78

每个大分支的最长的"外部连接"都指向与最古老抄本的连接。如果把与其他分支形成的类的连接视为"外部连接"来考虑的话，那么，对于更细化的分类（见表 7-5、表 7-6）下的类来说，上述结论也是正确的。

通过引入某些"显著性阈值"，可以根据类间平均关系的矩阵 $\|C_{pq}\|$ 绘制一个强联系图，该图只反映矩阵 $\|C_{pq}\|$ 中的"重要"关系结构。图中的顶点对应于抄本的类别；如果类间关系超过了阈值 C_0，那么两个顶点就用一条边连接。

假设阈值 $C_0 = 0.75$，那么，对应于表 7-6 的矩阵 C 的强联系图可以用图 7-3 表示。由图 7-3 可以看出，在此阈值下，分出了 4 部分，正好对应于《法人法典》的 4 大分支。

在阈值 $C_0 = 0.57$ 时，强关系结构显示了抄本组之间的相互关系（见图 7-4）。

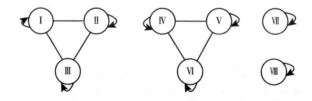

图 7-3 《法人法典》抄本组之间的强联系图（实际阈值为 $C_0 = 0.75$）

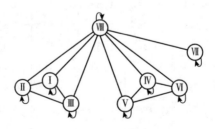

图 7-4 《法人法典》抄本组之间的强联系图（实际阈值为 $C_0 = 0.57$）

阈值 $C_0 = 0.57$ 的关系图（见图 7－4），反映了属于同一分支的抄本之间的重要关系，也体现了最古老抄本在《法人法典》抄本类间关系结构中的主导地位。

因此，关于每对抄本文本的吻合程度以及谬误分布的相似程度等信息，原则上足以按上述几种程度构建分类法。收集这类信息的工作量比"簇法"的小得多，同时这类信息也更适合建模。

聚合关系结构的近似方法，是抄本分类的便捷工具；其应用成果可以给出自然的、内容丰富的释义。

$$***$$

史料文本研究中的形式化和多元分析方法，与古代文献研究的传统方法相结合，有利于挖掘"隐藏"的信息，得出更严谨的、更合理的结论。然而，现有的数学方法（包括 MSA）大多侧重于对定量数据的统计处理，因此，开发专门用于分析非数字信息的新模型和新方法，是一项迫在眉睫的任务。创建机器可读数据档案，在电子计算机上处理史料文本，有助于提高新方法的使用效率。

结　语

多元统计分析（MSA）法的可行性研究表明，它们在不同类型的史料研究方面是卓有成效的，例如，关于19～20世纪之交欧俄农业发展的统计数据、古罗斯文本、苏维埃第一次代表大会代表的履历表等。

与此同时，必须严格遵守这些新方法的充分应用条件。它们在具体历史研究中被误用的例子，反映了在历史研究中使用多元统计分析法时，定性分析、实质内容分析的极端重要性。

重要的是，研究人员在使用MSA法进行史料分析时，在每一项具体任务中，都必须深入了解所研究问题的内容实质和所使用的数学方法的逻辑本质。当历史学家和数学家只对自己的专业研究"负责"时，这种方式的合作很难取得成功。考虑到史料的具体情况，可以从多元统计分析的各种方法及其变体中，选择与手头具体历史问题最相匹配的方法。要做到这一点，历史学家必须（至少大体上）认清方法的逻辑本质，而数学家、程序员必须辨明所解决问题的内容实质。

本书以马克思主义方法论为基础，解决了类型学的具体历史问题，揭示了新方法和电子计算机在对研究对象及其综合特征进行分类时的有效性。例如，在欧俄各省的农业类型学任务中，借助 MSA 法，成功找出了在农业发展的主要特征上具有同质性的省份组，并确定了其类型形成的因素。至于 19 ~ 20 世纪之交欧俄农业系统的社会结构问题，所得成果具体论证并加深了现有观点。对史料数据的统计分析证实，欧俄各省社会农业结构之所以差异如此明显，与两种类型的资产阶级农业演进有关，即地主型（"普鲁士式"）和农民型（"美国式"）。

在另一项具体任务，即对古斯拉夫文献《法人法典》抄本的分类中，使用一些方法将相互关联的对象进行分组，有利于找出每组内差异相对较小的"相似"文本组。所得结果对阐明《法人法典》抄本的成分和重构原始文本具有重要意义。

至关重要的是，在所探讨的具体历史类型学问题中，其结果是在全面研究待分析史料中包含的所有信息的基础上获得的。这些结论主要是澄清的性质，是对所研究对象类型的现有观点的具体说明。在一些情况下，这些结论为已知论点提供了新论据，在另外一些情况下，它们或证实了先前陈述的假设，或推动了新假设的提出。我们认为，借助 MSA 法获得的研究结果的这种特质，并没有削弱它们的重要性。实际上，如果某个结论得到了各种方法和不同资料的证实，那么，就会大大增加该结论的可信度（当然，前提是使用适当的史料和合适的分析方法）。

在历史研究中使用数学方法，特别是多元统计分析法，能否保证历史学家得出的结论一定具有"准确性"和"强大说服力"呢？当然不能，本书中的资料也证实了这一点。影响结果的科学意义的决定性因素是研究方法论。这里需要强调的是，使用数学方法，并不意味着将数学领域中的成果的科学标准引入历史科学。

数学中的科学标准取决于结果的严格演绎性质、否定引用经验作为科学论证以及结论与定理所表达的基本前提的一致性。将这些规则视为一般科学标准的意图，忽视了社会科学中研究对象的本质特征，忽略了高级运动形式对低级运动形式的既约性，也无视了社会科学的方向在于获得与社会历史主体的目标、主要价值取向相一致的、具有社会意义的结果。[1] 历史科学真实性的判定标准，与方法论思想、原则的性质密切相关，研究任务的设定、具体历史数据的筛选、处理和分析以及结果的解释都是以这些思想、原则为依据的。[2] 因此，本专著中介绍的19～20世纪之交欧俄各省农业类型的特点，是由类型学分区的理论和方法学原则界定的，可以从列宁的著作《俄国资本主义的发展》中找到依据。类型学研究中，特征（变量）的选择是非常重要的，对此，我们详细阐述了欧俄各省19项农业发展指标的形成原则，这些指标是使用 MSA 法构建欧俄农业结构类型学的信息基础。

***

同任意一门具体科学一样，历史学虽然使用了数学方法，但并没有脱离自身的课题，也没有丢弃特有的、本质的研究方法（例如社会生活现象研究的历史比较法、共时与历时法）。正如本书所示，使用 MSA 法，为历史研究过程中发现的具体依赖关系提供了量化

① Кезин А. В., Научность: эталоны, идеалы, критерии. М., 1985, с. 49, 84.

② Ковальченко И. Д., Применение количественныхметодов и ЭВМ в исторических исследованиях. – ВИ, 1984, №. 9.

表达的可能，在某些情况下，还有助于揭露这些关系。但为此，历史研究的相关问题背后应有可靠完整、丰富翔实的史料支撑，以及"成型的概念机制和成熟的质量理论"。① 正如拉法格在《忆马克思》中谈到的，"马克思认为，'一种科学只有在成功地运用数学时，才算达到了真正完善的地步'"。②

---

① Рузавин Г. И.，Математизация научного знания. М.，1984，c. 201.
② Воспоминания о К. Марксе и Ф. Энгельсе. М.，1956，c. 56.

附　录

《法人法典》抄本列表

抄本编号	抄本	注明日期
	丘多夫抄本	
3	丘多夫	1499 年
4	罗森坎普夫	15 世纪末
5	特罗伊茨基 V	16 世纪末
6	萨尔特科夫·谢德林国家公共图书馆抄本	15 世纪末
7	索洛韦茨 II	16 世纪初
8	特罗伊茨基 II	16 世纪初
9	皇家抄本 II	16 世纪下半叶
10	克雷斯蒂宁	15 世纪末
11	奥夫钦尼科夫 I	15 世纪末
12	科学院 II	16 世纪初
13	安东尼 – 西斯基	16 世纪初
14	约诺夫	16 世纪末
15	特罗伊茨基 III	16 世纪初

抄本编号	抄本	注明日期
	丘多夫抄本	
16	博物馆 I	16 世纪下半叶
17	沃兹米茨基	1533 年
18	扎别林	17 世纪末
19	费拉蓬托夫	16 世纪中叶
20	托尔斯托夫 II	16 世纪下半叶
21	弗罗洛夫 I	16 世纪末
22	索洛韦茨 IV	16 世纪下半叶
23	叶戈罗夫 IV	16 世纪末
24	档案馆 II	16 世纪末
25	鲁缅采夫 II（尼科诺夫）	1620 年
26	罗戈日斯基 II	17 世纪初
27	基里尔·别洛泽尔斯基 I	17 世纪下半叶
28	基里尔·别洛泽尔斯基 II	1590 年
29	波戈金 II	17 世纪上半叶
30	波戈金 III	17 世纪下半叶
31	皇家抄本 III	17 世纪上半叶
32	赫鲁多夫	17 世纪上半叶
33	尼基福罗夫	16 世纪下半叶
	索菲亚抄本	
34	索菲亚	1470～1490 年
35	鲁缅采夫	15 世纪末
36	维亚兹尼科夫	15 世纪下半叶
37	雅罗斯拉夫	15 世纪末
38	普里卢茨基	1534 年

抄本编号	抄本	注明日期
索菲亚抄本		
39	索洛韦茨Ⅲ	1519 年
40	档案馆Ⅰ	15 世纪末至 16 世纪初
41	叶戈罗夫Ⅰ	16 世纪初
42	皇家抄本Ⅰ	16 世纪中叶
43	奥夫钦尼科夫Ⅱ	1518 年
44	赫沃罗斯季宁	16 世纪末
45	托尔斯托夫Ⅲ	16 世纪末
46	叶戈罗夫Ⅱ	16 世纪下半叶
47	戈杜诺夫Ⅱ	16 世纪末
48	弗罗洛夫–布赖洛夫	15 世纪下半叶
《正义的标准》抄本		
49	特罗伊茨基	14 世纪
50	主教公会Ⅱ	1467～1481 年
51	基里尔·别洛泽尔斯基	16 世纪中叶
52	主教公会Ⅲ	1587 年
最古老抄本		
53	瓦尔索诺菲耶夫	14 世纪
54	诺夫哥罗德	1280 年
55	乌斯秋格	14 世纪
56	约阿萨夫	16 世纪

图书在版编目（CIP）数据

历史研究中的多元统计分析／（俄罗斯）列·约·鲍
罗德金著；李牧群，苏宁译 . －－北京：社会科学文献
出版社，2022.12
　（俄国史译丛）
　ISBN 978 – 7 – 5228 – 0097 – 4

　Ⅰ.①历…　　Ⅱ.①列…　②李…　③苏…　　Ⅲ.①多元分
析－统计分析－应用－欧洲－历史－研究－19－20 世纪　②
多元分析－统计分析－应用－俄罗斯－历史－研究－19－
20 世纪　　Ⅳ.①K500.7 ②K512.07

　中国版本图书馆 CIP 数据核字（2022）第 077270 号

俄国史译丛
历史研究中的多元统计分析

著　　者／〔俄〕Л.И.鲍罗德金
译　　者／李牧群　苏　宁

出 版 人／王利民
责任编辑／高　雁
文稿编辑／杨鑫磊
责任印制／王京美

出　　版／社会科学文献出版社（010）59367226
　　　　　地址：北京市北三环中路甲 29 号院华龙大厦　邮编：100029
　　　　　网址：www.ssap.com.cn
发　　行／社会科学文献出版社（010）59367028
印　　装／三河市东方印刷有限公司

规　　格／开 本：787mm×1092mm　1/16
　　　　　印 张：14.75　字 数：172 千字
版　　次／2022 年 12 月第 1 版　2022 年 12 月第 1 次印刷
书　　号／ISBN 978 – 7 – 5228 – 0097 – 4
著作权合同
　　　　　／图字 01 – 2022 – 6576 号
登 记 号
定　　价／98.00 元

读者服务电话：4008918866